DOUTRINA

DO

DIREITO

Dados Internacionais de Catalogação na Publicação (CIP)
(Câmara Brasileira do Livro, SP, Brasil)

Kant, Immanuel, 1724-1804
Doutrina do Direito / Immanuel Kant; tradução Edson Bini. – 4ª ed. revista e atualizada – São Paulo: Ícone, 2013. – (Coleção Fundamentos do Direito).

Título original: *Rechtslehre*
ISBN 978-85-274-1235-3

1. Direito – Filosofia. I. Título. II. Série.

13-04463 CDD-340.12

Índices para catálogo sistemático:

1. Direito: Filosofia 340.12

Immanuel Kant

Doutrina do Direito

Coleção Fundamentos do Direito

Tradução
Edson Bini

4ª edição
Revista e Atualizada
Brasil – 2013

Coleção Fundamentos do Direito

Tradução
Edson Bini

Introdução
Cláudio de Cicco

Revisão
Juliana Biggi

***Design* gráfico, capa e diagramação**
Richard Veiga

ÍCONE EDITORA LTDA.
Rua Anhanguera, 56 – Barra Funda
CEP: 01135-000 – São Paulo/SP
Fone/Fax.: (11) 3392-7771
www.iconeeditora.com.br
iconevendas@iconeeditora.com.br

Introdução à "Doutrina do Direito" de Immanuel Kant

Cláudio de Cicco

Prof. de Filosofia do Direito da USP,
Teoria do Estado (PUC/SP),
Introdução ao Direito (FMU)

O filósofo Immanuel Kant é mais conhecido por suas obras *Crítica da Razão Pura* (1781), *Crítica da Razão Prática* e *Crítica do Juízo* (1788-91). Mas, entre a primeira *Crítica* e a segunda, em 1785, escreveu *Fundamentos da Metafísica dos Costumes,* em que coloca as bases de uma Ética em consonância com sua metodologia crítica, abrindo caminho para um estudo do Direito e da Moral segundo novas bases de apreciação e análise rigorosa. Somente em 1797 veio a lume a primeira parte da *Metafísica dos Costumes* com o nome de *Doutrina do Direito*, que ora damos ao público brasileiro, em primorosa tradução, bem cuidada e confrontada com o que de mais exato reinterpretam os melhores comentadores do filósofo de Koenigsberg.

É preciso ter presente estas datas para dar a este livro todo o seu significado histórico na evolução do pensamento jurídico e político do Ocidente europeu e latino-americano. Situa-se ele logo após os eventos da Revolução Francesa que ganharam projeção de fatos universais: a Declaração dos Direitos do Homem e do Cidadão (1789), a proclamação da República (1792), a condenação do rei Luís XVI (1793), o Terror de Robespierre (1794), o regime do Diretório (1795-1797), sem falar nas primeiras vitórias de Napoleão sobre os austríacos (1796-1797), tudo representando o avanço das ideias iluministas e rousseauneanas sobre o velho regime da monarquia absoluta.

Ao mesmo tempo em que analisa o Direito sob o ponto de vista da filosofia crítica, Kant se faz eco dos acontecimentos que mencionamos acima e vai dando sua opinião imparcial ora a favor ora contra o que se fazia na França em nome dos "imortais princípios de 1789". Poderemos então perceber que Kant é um adepto incondicional do "estado de Direito" e contrário a todas as formas de alteração da vida constitucional e jurídica com base em procedimentos violentos ou revolucionários. Um reformista aberto a todas as conquistas da dignidade humana, mas desconfiado de todos os regimes de exceção, seja este apresentado como "democrático" ou "bem-intencionado", "popular" etc. Daí as aplicações que poderemos fazer de sua *Doutrina do Direito* à nossa época que assiste à falência dos regimes autoritários de direita e de esquerda, mas nem sempre resiste ao apelo do populismo e da demagogia, de que tivemos triste exemplo em nosso país no início dos anos noventa, com graves perdas para a dignidade nacional, para as finanças públicas e o bem-estar dos cidadãos, muitos até afligidos pela fome e pela miséria em proporções nunca vistas anteriormente. A serenidade de Kant, sua confiança no regime do império da lei e não ao capricho do governante, "no governo das leis e não no governo dos homens", como frisaria Norberto Bobbio, um dos melhores intérpretes de Kant[1], são ótima diretriz para juristas e filósofos do Direito a braços com propostas de solução nem sempre prudentes, chamados a dizer sua opinião em assembleias em que são debatidos magnos problemas.

As soluções "fáceis" por vezes se apresentam desejando passar por cima do texto legal, supervalorizando a tarefa do juiz, segundo velha tese do "Direito livre" de Kantorovicz do início do século que ora volta com novos nomes e roupagens. Outras vezes se dá o excesso contrário de reduzir o magistrado a mero e mecânico aplicador da lei, sem se atentar para seus critérios de adequação da norma à realidade social concreta e atual. No primeiro caso, o juiz passa a criar o Direito, usurpando tarefa do Legislativo; no segundo caso, se pretende anular a função judiciária. Em tudo isto vai um desrespeito ao princípio da divisão dos poderes de Montesquieu no qual Kant, por sua vez, insiste de tal modo que uma recente intérprete considere sua obra em tudo simétrica ao *Espírito das Leis* do pensador francês.[2]

Kant vê em cada um dos poderes uma função que vai possibilitar o silogismo jurídico: o Legislativo produz a lei, premissa maior de todo raciocínio jurídico; o Executivo é quem comanda na ordem concreta dos fatos, premissa menor do raciocínio, e finalmente a conclusão é a sentença, prolatada pelo Judiciário. São, portanto, os poderes unidos organicamente, e

---

1 BOBBIO, Norberto. *Diritto e Stato nel pensiero di E. Kant.* Turim: Ed. Giappichelli, 1969.

2 GOYARD-FABRE, Simone. *Kant et le Problème du Droit.* Paris: Ed. J. Vrin, 1975, pp. 23-24.

não há como se sobrepor um ao outro sem implicação direta na função dos outros dois.[3]

Nessa trindade dos poderes, Kant vê a realizabilidade de um governo democrático e ao mesmo tempo ponderado, com liberdade e segurança.

Lembra Norberto Bobbio que a expressão cunhada no século passado "Estado de Direito" tem dois sentidos possíveis: a) Estado de Direito é o Estado limitado pelo Direito, ou o Estado cujo poder é exercitado nas formas do Direito e com garantias jurídicas preestabelecidas; b) Estado de Direito é o Estado que tem a função principal de instituir um "estado de coisas" em que, segundo a definição kantiana do Direito, cada um possa coexistir com os outros segundo uma lei universal de liberdade. Conforme esta segunda concepção o Estado não tem sua própria ideologia, seja religiosa ou moral, econômica, "mas através da ordem externa, obtida mediante o respeito do Direito, permite em grau máximo a expressão e a atuação dos valores e das ideologias de cada um dos seus membros. (...) Não há dúvida de que a concepção que Kant tem do Estado é uma concepção jurídica, no sentido de que o que caracteriza a atividade do Estado é a atividade jurídica, vale dizer a instituição e a manutenção de um ordenamento jurídico como condição para a coexistência das liberdades externas."[4]

Por isso mesmo o mestre de Bobbio, Gioele Solari, distingue o liberalismo de Kant como "liberalismo jurídico": "Ao entender o contrato social como ato originário, constitutivo da sociedade civil, Kant se opõe tanto ao empirismo de Locke como ao racionalismo ético de Rousseau. Distingue-se dos empiristas não só porque concebe o contrato como uma ideia da razão prática, mas porque sujeito do contrato não é para ele o homem empírico que renuncia ao seu direito de liberdade nos limites

---

3 KANT, E. *Doutrina do Direito*, II, 1ª seção, § 45.

4 BOBBIO, Norberto, *op. cit.*, pp. 233-34.

impostos pela necessidade da defesa e da segurança comuns, mas é o homem noumênico (essencial) que realiza em união com seus semelhantes, mediante o Estado, a condição de vida correspondente à sua natureza de ser racional. A obediência à lei consagrada no pacto, mais do que a consequência de uma renúncia, é o reconhecimento de um dever, a condição de liberdade, a homenagem prestada à nossa humanidade mais verdadeira e profunda".[5]

Outro aspecto da questão é que o princípio da liberdade não poderia valer só para alguns – pois então não seria um "princípio", mas uma regra de solução de casuísmo. Isto significa que ele deve valer para todos, todos devem gozar da liberdade, o que é um postulado igualitário. Entretanto, a igualdade preconizada por Kant, garantida pelo Estado e pelo Direito, tanto quanto a liberdade, é a igualdade de oportunidade, a igualdade no ponto de partida, todos terem direito ao básico (hoje elencaríamos habitação, saúde, educação, trabalho, alimentação), mas o progresso de cada um depende do seu esforço e dinamismo, o que distancia Kant de todos os que pretendem uma igualdade permanente, refreando a capacidade individual, criando instrumentos "Moloch" de controle para impedir que alguns se sobressaiam legitimamente por sua indústria, habilidade, dedicação, enfim, fatores diferenciadores na sociedade. Para Kant, o que é odioso é o privilégio no ponto de partida, que o Estado deve eliminar através do que retira dos mais favorecidos para dar aos menos aquinhoados em matéria de saúde, inteligência, força de vontade (o que notoriamente nunca será igualmente possuído por todos e cada um), a fim de que no começo da carreira, o básico todos possam ter. Mas "a carreira fica aberta aos talentos" e ninguém será tolhido no seu livre desenvolvimento, exceto no tributo que paga para viver em

5 SOIARI, Gioele. *Formazione Storica e Filosofica dello Stato Moderno*. Turim: Ed. Giappichelli, 1962, pp. 99-100.

sociedade e que lhe é cobrado pelo Estado. Assim, o Estado de Direito de Kant constrói uma sociedade cada vez mais igualitária, sem o sacrifício da liberdade individual. Sua ideia é de uma sociedade dinâmica, não estática.[6]

Como se chegar a isto? É o que motiva toda a edificação do "Estado de Direito" na doutrina do filósofo, que revela um otimismo fundamental, acreditando piamente na progressiva igualitarização da sociedade, por via de reformas de um governante contido nas leis emanadas de um Legislativo escolhido entre os melhores da população, o que o leva a condenar o sufrágio universal de Rousseau.

Como se sabe, o filósofo genebrino Jean-Jacques Rousseau condena como aristocrático o regime dos partidos políticos, considerando como democrática apenas a democracia direta das antigas cidades gregas. Kant, pelo contrário, desconfia das decisões de assembleia "como muito perigosas para o povo, porque a assembleia se torna despótica."[7] Ao lembrarmos o que certas assembleias fizeram com os direitos de minorias indefesas, temos de lhe dar razão. Todos os governos ditatoriais do nosso século buscaram no apoio da massa, obtido por intermédio dos meios de comunicação, a pseudolegitimação para perpetrar crimes contra frações minoritárias da população, bodes expiatórios de seus fracassos políticos e econômicos.

Por todas estas posições Kant é apresentado como um dos mais importantes doutrinadores do modelo liberal de Estado, que serviu e serve de inspiração para a sociedade política ocidental.

---

6 SALGADO, Joaquim Carlos. *A Ideia de Justiça em Kant*. UFMG, 1986, p. 297. Kant, que é um conservador quanto aos métodos que propõe para se chegar à igualdade, é progressista quanto ao fim último da sociedade civil, o estabelecimento da igualdade entre os cidadãos. Mas não acredita que o governo popular possa, competentemente, realizar tal objetivo.

7 KANT, Immanuel, *op. cit.*, § 51.

Também em matéria de Direito Privado – ou "Natural", como lhe chama Kant, pois provém das "relações naturais" e não depende do Estado – a influência do pensamento kantiano foi decisiva para se adotar as máximas do Direito Romano no mundo moderno, com o surgimento das Escolas Histórica e das Pandectas no século XIX para rever e sistematizar o Direito Romano Clássico e o Justinianeu. Os institutos da propriedade, do matrimônio, do pátrio poder, dos contratos são jusatificados em uma análise rigorosa como expressão da liberdade individual, onde se vê a coerência de Kant com o que foi afirmado na parte atinente ao Direito Público, como antes se viu.[8]

Em suma, a obra agora dada à publicação é um livro obrigatório para todos que pretendem realizar um estudo sério do modelo jurídico-liberal, vale dizer do Direito atual entre nós, em suas bases mais profundas, desde que se leia com espírito crítico, lembrando que Kant é um homem do século XVIII, do individualismo e da luta contra as formas diversas de despotismo, a que falta a visão do social que Comte, Hegel e Marx iriam destacar no século XIX, a partir dele e dialeticamente negando-o e superando seu sistema para construir uma sociedade ainda mais justa.

8 A respeito do pátrio poder e do direito de família, em geral, pode-se consultar com proveito nossa obra *Direito:* Tradição e Modernidade. Poder e Autoridade na Família e no Estado. Das Origens Romanas ao Direito Brasileiro Moderno. São Paulo: Ícone Editora, 1993.

Sumário

Segunda Parte

Direito Público, 149

Prólogo

A sequência da *Crítica da Razão Prática* deveria ser o sistema dessa mesma razão ou a Metafísica dos costumes. Tal sistema divide-se em princípios metafísicos da ciência do Direito e princípios metafísicos da ciência da moral (como simetria e complemento dos princípios metafísicos da Física já publicados). A introdução a seguir expõe a forma sistemática dessas duas classes de princípios e a torna, em parte, sensível à vista.

A ciência do Direito, como primeira parte da ciência dos costumes e da qual desejaríamos fornecer aqui um sistema racional, é o que se pode chamar de Metafísica do Direito. Contudo, como a noção de Direito, enquanto noção pura, tem por base a prática ou aplicação aos casos que se apresentam na experiência, resulta que um Sistema Metafísico do Direito deve ter em conta a diversidade empírica de todos os casos possíveis para constituir uma divisão completa (o que é estritamente necessário para a formação de um sistema da razão); e como, por outro lado, a divisão perfeita do empírico é impossível, e mesmo quando tentada fosse, sequer aproximadamente, as noções dos diferentes casos possíveis da experiência não poderiam formar parte essencial do sistema (não se relacionariam com ele senão à guisa de exemplos e de observações): o título de *Princípios Metafísicos do Direito* é, pois, o único conveniente para a primeira parte da Metafísica dos costumes. Na verdade, na aplicação aos diferentes casos não pode haver um sistema propriamente dito, mas unicamente uma aproximação sistemática. Seguiremos aqui, portanto, a mesma marcha que seguimos na exposição dos Princípios Metafísicos da Física, isto é, o Direito, que é a matéria do sistema esboçado *a priori*, formará o texto e os direitos ou as questões de Direito que apresentam os diferentes casos da experiência serão a matéria de extensas observações; de outro modo não seria fácil distinguir aqui entre o que constitui a Metafísica do Direito e o que forma sua parte experimental ou prática.

A melhor maneira de evitar a censura frequente de obscuridade, mesmo aquela obscuridade calculada que afeta um ar de profundidade, e remediar a falta de clareza na exposição filosófica, será impor a mim como lei o que o célebre Garve recomenda a todo escritor e mais particularmente ao que filosofa; e da minha parte não coloco mais condições para obedecer senão as reclamadas pela natureza de uma ciência que é preciso refazer ou estender.

Aquele destacado sábio queria com razão (em suas *Miscelâneas*, p. 352 e seguintes) que toda doutrina filosófica se pusesse ao alcance do povo, isto é, que sua exposição se fizesse de uma forma suficientemente expressiva a ponto de poder circular entre todas as classes da sociedade, sob pena de ser o escritor taxado de obscuro em suas concepções. Tudo isso admito sem dificuldades, a não ser que se trate do sistema da crítica da própria razão e de tudo que não se pode conhecer senão por meio dessa crítica; porque então trata-se de distinguir em nosso conhecimento o sensível e o não sensível, porém um não sensível que é, todavia, da competência da razão. O não sensível ou hiperfísico nunca pode ser popular, como nenhuma Metafísica formal em geral, ainda que os resultados dessa espécie de Metafísica possam ser demonstrados com toda a clareza a uma razão sã, a um metafísico sem sabê-lo. Em tais casos é preciso renunciar a ser entendido por todos e até a linguagem popular. Há necessidade, pelo contrário, de se apegar à precisão da linguagem da escola (porque a escola também tem a sua linguagem), mesmo com o risco de ser acusado de pedante. Para uma razão que não pode perder o tempo, é o único meio de se fazer entendido.

Porém, se alguns pedantes falam ao público (em cátedras ou em escritos populares) em uma linguagem técnica que só convém à escola, o filósofo crítico não é responsável, como não o é o gramático em relação às obscuras sutilezas de um purista sem gosto (*logodoedalus*). O ridículo recai, neste caso, sobre o homem e não sobre a ciência.

Há uma espécie de pretensão imprópria, de amor excessivo, que até mesmo pode parecer injurioso àqueles que ainda não abandonaram seus antigos sistemas, isto é: "Que antes do aparecimento da filosofia crítica não havia filosofia". Para poder decidir sobre essa pretensão, é preciso resolver previamente a seguinte questão: é possível, a rigor, haver mais que uma filosofia? Não somente tem havido maneiras diferentes de filosofar, de se elevar aos primeiros princípios da razão, de edificar um sistema sobre estes princípios com maior ou menor felicidade, como também até era necessário que ocorresse um grande número de tentativas dessa espécie, pois cada uma delas teve sua utilidade própria. Contudo, como a razão humana, considerada em si, é essencialmente una, não pode acontecer que haja mais que uma filosofia, isto é, que não haja mais que um sistema racional possível segundo princípios, quaisquer que sejam a diversidade e a frequente oposição que tenham podido existir sobre um único e mesmo ponto. Assim o moralista diz com razão: há somente uma virtude, há somente uma moral, isto é, um só sistema que reúna num só princípio todos os deveres morais; o químico: há somente uma Química (a de Lavoisier); o médico: há somente um único princípio para o sistema ou a classificação das enfermidades (o de Brown); e tudo isso sem querer rebaixar em nada o mérito dos outros moralistas, químicos e médicos, mesmo quando o sistema novo exclua todos os demais. Na verdade, sem os autores desses diferentes sistemas e sem as suas infrutíferas tentativas, não teríamos chegado a esta unidade do princípio verdadeiro de toda a filosofia reduzida deste modo a sistema.

Se, assim, a filosofia crítica se anuncia como não precedida por nenhuma filosofia, não realiza nisto mais do que realizaram, realizarão e devem realizar todos os que tracem um plano próprio de filosofia.

Uma censura menos grave, mas que não é indiferente, seria aquela que consiste em pretender que a parte mais original dessa filosofia não o é, todavia, e que se pode reconhecê-la talvez em outra filosofia ou matemática. Tal é a descoberta que pretende ter feito um crítico de Tubingen. Apoia sua afirmação em uma definição da filosofia em geral, que o autor da *Crítica da Razão Pura* apresenta como sua, dando-lhe bastante importância. Agora, esta definição, dizem, foi dada já há muitos anos por outro autor, e quase nos mesmos termos[9]. Julgue o leitor

---

9 *Porro de actuali constructione hic non quoeritur cum ne possint quidem sensibiles figurae ad rigorem definitionem effingi: sed requiritur cognitio eorum quibus absolvitur formatio, quae intellectualis quoedam constructio est.* HAUSEN, C. A. *Elem. Mathes P. 1*, pp. 86-1734.

se as palavras *intellectualis quoedam constructio* puderam fazer nascer o pensamento da exposição de uma noção em uma intuição *a priori*, que distingue claramente e à primeira vista a filosofia da Matemática. Estou certo de que o próprio Hausen não aceitaria esta explicação de suas palavras, porque a possibilidade de uma intuição *a priori*, a possibilidade de que o espaço seja uma intuição dessa espécie, melhor que a simples justaposição mútua de uma diversidade dada uma fora de outra à intuição empírica ou em percepção (como a define Wolf) o teria barrado, porque se veria arrastado a questões filosóficas que o teriam afastado consideravelmente de seu objeto. A exposição feita de certo modo pelo entendimento não significa para o hábil matemático senão a indicação (sensível) de uma linha, correspondente a uma noção, indicação real (ou traçado) na qual não se atende mais que à regra, prescindindo mentalmente dos desvios inevitáveis na execução. Isso mesmo pode-se observar em geometria nas construções das figuras iguais.

No entanto, o que importa menos do que todo o resto, relativamente ao espírito dessa filosofia, é a desordem excitada por alguns que a adotaram: em lugar de limitar à crítica da razão pura o uso de uma terminologia que lhe é própria e que dificilmente poderia ser substituída por outra, ainda que estivesse mais em uso, servem-se dela fora dessa crítica e no comércio ordinário do pensamento. Dupla falta que merecia certamente ser reprimida, como o fez o sr. Nicolai, mesmo quando este escritor manifesta que não sabe se conviria proscrever toda essa terminologia especial até no domínio próprio da ciência, sob o pretexto de que nada mais serve do que para disfarçar a carência de pensamento. Entretanto, o ridículo alcança com mais justiça o pedante impopular que o ignorante sem crítica.

De fato, o metafísico que se aferra estritamente ao seu sistema sem se preocupar com nenhuma crítica pode ser classificado nessa última categoria, embora desconheça por sua própria vontade a modificação a que se opõe, pelo motivo de essa novidade se encontrar fora de sua antiga escola. Mas se, como diz Shaftsbury, trata-se de uma prova que não deve ser desprezada para a verdade de uma doutrina nova, sobretudo de uma doutrina moral – a de resistir ao ridículo –, era forçoso, ao fim, que chegasse ao filósofo crítico a ocasião de burlar-se por sua vez, e ainda com mais razão, ao ver se arruinarem uns atrás dos outros os vãos sistemas daqueles que por algum tempo temeram essa grande palavra, desaparecendo seus sectários: destino que os aguarda inevitavelmente.

A caminho do desfecho desta obra trabalhei algumas seções com menos detalhes do que se teria podido esperar comparando-as com as precedentes, seja porque me tenha parecido que podiam ser deduzidas facilmente destas, seja também porque as últimas (que se referem ao direito público) são hoje assunto de muitas discussões e são, todavia, tão importantes que se pode justificar a colocação de um juízo decisivo.

Introdução à Metafísica dos Costumes

I. Da relação das faculdades da alma com as leis morais

O *desejo* é a faculdade de ser causa dos objetos de nossas representações por meio das próprias representações. À faculdade que possui um ser de operar segundo suas representações chama-se *vida.*

Em primeiro lugar, o desejo ou a aversão vêm acompanhados sempre de *prazer* ou *desprazer,* duas coisas cuja capacidade no homem chama-se *sentimento.* Mas o prazer e o desprazer não são sempre acompanhados de desejo ou de aversão (porque pode haver prazer sem desejo do objeto), mas da simples representação do objeto, exista este ou não.

Em segundo lugar, o prazer e o desprazer por ocasião de um objeto desejado não precede sempre ao desejo ou aversão e não deve considerar-se sempre como causa destes porque também pode ser seu efeito.

Porém, denomina-se *sentimento* a capacidade de experimentar prazer ou desprazer com a ideia de uma coisa, pela razão de que esses dois estados contêm apenas o *subjetivo puro* em sua relação com nossa representação e de nenhum modo uma relação a um objeto que se trate de conhecer[10]; nem mesmo uma relação ao conhecimento de nosso estado: porque uma sensação, uma simples sensação, além de conter a qualidade que lhe é inerente pela natureza do sujeito, por exemplo a qualidade do vermelho, do doce etc., é também trazida como elemento de conhecimento a um objeto, enquanto o prazer e o desprazer, por ocasião do vermelho ou do doce, não expressam absolutamente nada de objetivo, a não ser simplesmente uma relação com o sujeito. O prazer e a pena não podem ser explicados mais claramente em si mesmos precisamente por essa razão; jamais é possível ter mais que a indicação de suas consequências em certas situações para fazê-los conhecer na prática.

10 Pode-se em geral definir a sensibilidade: o subjetivo de nossas representações, porque o entendimento refere primitivamente as representações a um objeto, isto é, não pensa uma coisa a não ser por seu intermédio. Agora o subjetivo de nossas representações pode ser de tal classe que possa também se referir a um objeto para conhecê-lo (quanto à forma ou quanto à matéria; no primeiro caso chamamos de intuição pura; no segundo, sensação); e então a sensibilidade, como capacidade de ter representações pensadas, é o sentido. Ou então o subjetivo das representações não pode constituir nenhum elemento do conhecimento, porque não contém senão a simples relação ao sujeito, sem nada que possa servir para o conhecimento do objeto; e neste caso a capacidade representativa se chama sentimento. O sentimento compreende o efeito da representação (sensível ou intelectual) sobre o sujeito e pertence à sensibilidade, embora a própria representação só possa pertencer ao entendimento ou à razão.

Pode-se chamar de prazer *prático* àquele que está inseparavelmente unido ao desejo do objeto cuja representação afeta o sentimento, sendo indiferente, de resto, que esse prazer seja o efeito ou a causa do desejo. Poderíamos, ao contrário, chamar de prazer puramente contemplativo ou prazer inativo àquele que não está necessariamente unido ao desejo do objeto, que não tem, consequentemente, sua razão na existência do objeto da representação, mas que se refere à simples representação desse objeto. Esta última espécie de sentimento se chama *gosto*. Não será necessário, portanto, ocupar-se dele numa filosofia prática senão *acidentalmente* e não como de uma noção que forme *naturalmente* parte do assunto. Enquanto o prazer prático, a determinação da faculdade apetitiva, que necessariamente deve ser *precedida* por esse prazer como causa, se chamará *apetite*; e o apetite habitual, *inclinação*. E como a união do prazer e da faculdade apetitiva, enquanto o entendimento julgue essa união válida, segundo uma regra geral (porém, em todo caso, somente para o sujeito), se chama *interesse*, o prazer prático é, neste caso, um interesse da inclinação. Ao contrário, quando o prazer somente pode vir depois de uma determinação anterior da faculdade apetitiva, trata-se de um prazer intelectual e o interesse que se manifesta em relação ao objeto deve ser chamado de interesse de razão; porque, se o interesse fosse sensual, em lugar de fundar-se em princípios racionais puros, a sensação deveria poder se unir ao prazer e determinar assim a faculdade apetitiva. Embora não seja possível admitir nenhum interesse de inclinação em tudo que se refere a um interesse racional puro, podemos, todavia, para nos conformar à linguagem ordinária, conceder a uma inclinação, ainda que ela só possa ter por objeto um prazer intelectual, um desejo habitual que resulte de um interesse racional puro; então essa inclinação não seria a causa, mas sim o efeito desse último interesse, e poderia ser chamado de *inclinação intelectual* (*propensio intellectualis*).

É preciso, ademais, distinguir a *concupiscência* do próprio desejo, do qual ela é o estimulante. A concupiscência é uma determinação sensível da alma, porém não convertida ainda num ato da faculdade apetitiva.

A faculdade apetitiva, segundo noções, enquanto seu princípio de determinação se encontra em si mesma e não no objeto, chama-se *faculdade de fazer ou de não fazer à discrição*; enquanto está unida à consciência da faculdade de operar para produzir o objeto chama-se *arbítrio*. Mas se não está unida a essa consciência, seu ato é somente um *voto*, uma aspiração. A faculdade apetitiva, cujo princípio de determinação interna, e consequentemente até o consentimento, se encontra na razão do sujeito, chama-se *vontade*. A vontade é, pois, a faculdade apetitiva considerada menos com relação à ação (como o arbítrio) do que com relação ao princípio que determina o arbítrio à ação; não é precedida de nenhum princípio de determinação; pelo contrário, visto que pode determinar o arbítrio, é a própria razão prática.

A vontade pode compreender *o arbítrio*, assim como o simples *desejo*, entendendo por isso que a razão pode determinar em geral a faculdade apetitiva. O arbítrio que pode ser determinado pela *razão pura* chama-se livre-arbítrio. O arbítrio que não é determinável a não ser por *inclinação* (*movil sensible, stimulus*) é um arbítrio animal (*arbitrum brutum*). O arbítrio humano, ao contrário, é tal que pode ser *afetado* por motivos, porém não *determinado* e não, consequentemente, puramente por si (sem hábito adquirido da razão): pode, todavia, ser impelido à ação por uma vontade pura. A *liberdade* do arbítrio é esta independência de todo impulso sensível enquanto relacionado a sua *determinação*. Tal é a noção negativa da liberdade. A noção positiva pode ser definida: a faculdade da razão pura de ser prática por si mesma, o que não é possível somente pela submissão das máximas de toda ação à condição de poder servir de lei geral. Isso porque como razão pura aplicada ao arbítrio sem ter em conta o objeto deste arbítrio, a razão prática em sua qualidade de faculdade dos princípios (e neste caso dos princípios práticos, consequentemente, como faculdade legislativa) e na ausência da matéria da lei, a razão prática, dizíamos, nada mais pode fazer do que erigir em lei suprema e, em princípio de determinação do arbítrio, a forma da propriedade que possuem as máximas do próprio arbítrio de chegar a ser uma lei geral e prescrever esta lei como imperativo absoluto, visto que as máximas do homem, consideradas na causa objetiva, não se encontram por si mesmas em harmonia com as leis objetivas.

Essas leis da liberdade são chamadas de *morais*, de forma a serem distinguidas das leis naturais ou físicas. Quando se referem somente a ações externas e a sua legitimidade, são chamadas de *jurídicas*. Porém, se, além disso, exigem que as próprias leis sejam os princípios determinantes da ação, então são chamadas de *éticas* na acepção mais própria da palavra. E então se diz que a simples conformidade da ação externa com as leis jurídicas constitui sua *legalidade*; sua conformidade com as leis *morais* é sua *moralidade*. *A liberdade*, à qual se referem as leis jurídicas, pode ser tão somente a liberdade na prática externa; mas aquela liberdade à qual se referem as segundas leis deve ser a liberdade no exercício exterior e interior do arbítrio, quando está determinado pelas leis racionais. Diz-se, portanto, na filosofia teórica: no espaço estão somente os objetos dos sentidos externos, porém no tempo estão todos os objetos, aqueles dos sentidos e os dos sentimentos. A razão é que as representações dessas duas classes de objetos são sempre representações, e como tais pertencem ambas ao sentido íntimo. Assim como se pode considerar a liberdade no exercício, seja interno, seja externo do arbítrio, do mesmo modo suas leis, como leis práticas puras da razão para o livre-arbítrio em geral, devem ao mesmo tempo ser os princípios de suas determinações interiores, embora nem sempre sejam consideradas desse ponto de vista.

II.
Da ideia e da necessidade de uma Metafísica dos costumes

Foi demonstrado em outra parte que é mister assentar *a priori* princípios para a Física que se ocupa tão somente de objetos exteriores; que é possível e necessário começar por estabelecer um sistema desses princípios sob o nome de Metafísica da ciência da natureza, antes de proceder às experiências particulares, isto é, à Física. Porém, a Física pode (ao menos quando se trata de defender sua tese do erro) admitir como gerais vários princípios por meio do testemunho da experiência, mesmo quando esse testemunho não possa a rigor ter valor geral a não ser sob a condição de derivar de princípios *a priori*. Foi assim que Newton aceitou o princípio da igualdade da ação e da reação na influência recíproca dos corpos, como fundamentado na experiência, e o estendeu, ainda, a toda a natureza material. Os químicos vão, contudo, mais longe e baseiam suas leis mais gerais da composição e decomposição da matéria em virtude de forças próprias dos corpos tão somente na experiência. Têm, entretanto, uma confiança tão completa na generalização e em sua necessidade que não temem a descoberta de um único erro nos experimentos que realizam de acordo com elas.

Mas o mesmo não ocorre com as leis morais. Estas não têm força de leis a não ser enquanto possam ser *consideradas* como fundamentadas *a priori* e necessariamente. E mais – é que as noções e os juízos sobre nós mesmos e sobre nossas ações ou omissões não têm significação moral quando contêm somente o que pode ser adquirido pela simples experiência: e, se porventura se tratasse de converter em princípios morais alguma coisa que procedesse dessa última origem, haveria o risco de cair nos erros mais grosseiros e mais perniciosos.

Se a moral fosse unicamente a ciência da felicidade, seria absurdo buscar sua utilidade segundo princípios *a priori*. Realmente, por evidente que pudesse parecer o poder que tivesse a razão de perceber, antecipando-se à experiência, por que meios se possa atingir o gozo sólido dos prazeres da vida, todavia, tudo que se ensina *a priori* a respeito desse ponto deve ser considerado como tautológico ou desprovido de todo fundamento. A experiência somente nos pode ensinar o que nos proporciona prazer e satisfação. A tendência natural para os alimentos, para o sexo, para o descanso, para o movimento e (no desenvolvimento de nossa natureza intelectual) o motivo da honra, da extensão de nossos conhecimentos etc. podem nos fazer conhecer em que se deve *fazer consistir* o prazer de cada um, segundo seu gosto particular; e o próprio prazer pode também ensinar a maneira como deve ser *buscado*: toda aparência de racionalização *a priori* nisso não é, em princípio, senão a experiência generalizada pela indução. E essa generalização (*secundum principia generalia, non universalia*) é, por outro lado, tão difícil nessa matéria que não se pode menos do que conceder a cada um uma infinidade de exceções a fim de deixar que se escolha livremente um gênero de vida conforme as inclinações particulares e os apetites para o prazer e, por último, para que cada um aprenda a viver à sua custa ou à de outros.

Porém, não sucede o mesmo com os preceitos da moral. Estes obrigam a todos, sem levar em conta as inclinações e simplesmente pelo motivo de que todo homem é livre e é dotado de uma razão prática. O conhecimento das leis morais não foi obtido pela observação de si mesmo ou da animalidade em nós; tampouco foi tomado da observação do mundo, do que se faz e de como se faz (ainda que a palavra alemã *Sitten*, como a latina *mores*, signifiquem tão somente as maneiras e modo de viver): pelo contrário, a razão prescreve a maneira como se deve agir, mesmo quando ninguém tenha agido assim. Tampouco se cuida da utilidade que nossas ações possam reportar-nos e que só por experiência podemos conhecer. Isso porque mesmo nos permitindo buscar nosso bem de todas as maneiras possíveis, e ainda quando, apoiando-se nos testemunhos da experiência, se possa verossimilmente prometer maiores vantagens definitivas ao que se conforma aos seus preceitos, sobretudo com prudência, que ao que os infrinja, todavia, a autoridade de seus mandamentos como *preceitos* não se funda nisso; usa desse motivo (como de conselhos) e unicamente para conter as seduções exteriores, para corrigir no juízo prático o vício de um equilíbrio parcial e, finalmente, para assegurar a esse juízo um resultado conforme a importância dos princípios *a priori* de uma razão prática pura.

Assim, se um sistema de conhecimento *a priori* por simples noções se chama *Metafísica*, neste caso uma filosofia prática que tem por objeto não a natureza, mas sim a liberdade do arbítrio, irá supor e ainda exigirá uma Metafísica dos costumes. Quero dizer que até mesmo é *obrigatório ter* essa Metafísica e que todo homem a possui, ainda que ordinariamente de uma maneira vaga e, por assim dizer, inconsciente. De fato: como poderia crer sem princípios *a priori* que levam dentro de si uma legislação universal? Porém, assim como deve haver também numa Metafísica da natureza regras para a aplicação dos princípios gerais mais elevados relativos a uma natureza em geral, aos objetos da experiência, deve haver também uma Metafísica dos costumes; e deveremos com frequência tomar por objeto a *natureza* particular do homem, que só conhecemos por experiência, para *fazer ver* nela as consequências que se deduzem dos princípios universais da moral, sem com isso perderem os princípios de sua pureza, e sim que se possa com isso pôr em dúvida sua origem *a priori*. Isso quer dizer que uma Metafísica dos costumes não pode se fundamentar na antropologia, mas pode aplicar-se a esta última.

O complemento de uma Metafísica dos costumes, como segundo membro da divisão da filosofia prática em geral, seria a antropologia moral, que conteria as condições do *cumprimento* das leis da primeira parte da filosofia moral na natureza humana, porém somente as condições subjetivas, sejam favoráveis, sejam contrárias, a saber: a produção, a difusão e o enraizamento dos princípios morais (na educação elementar do povo), assim como várias outras regras e preceitos análogos, fundados na experiência. Esta antropologia é indispensável, mas não deve absolutamente preceder a Metafísica dos costumes nem confundir-se com ela, já que assim se correria o perigo de estabelecer leis morais falsas, ou, ao menos, muito indulgentes, que apresentariam impropriamente como inacessível aquilo que não se tinha podido alcançar, precisamente porque a lei não havia sido considerada nem exposta em sua pureza (porque a pureza constitui também sua força); ou ainda também porque algum dever ou algum bem em si fora dado por motivos falsos ou impuros, motivos que não deixam subsistir nenhum princípio moral certo, capaz de guiar ao juízo ou de servir de ponto de partida ao espírito na prática dos deveres, cuja prescrição não deve ser imposta *a priori* mas, sim, unicamente pela razão pura.

Quanto à divisão superior à qual está subordinada a divisão atual, quero dizer a que distingue a filosofia em teórica e prática, explicações já foram dadas em outra parte (na crítica do juízo), assim como sobre a questão de saber se a filosofia prática é diferente da filosofia moral. Todo fato que deve poder se realizar segundo leis naturais (o que é da competência da arte) depende inteiramente, quanto a sua previsão, da teoria da natureza; somente aquele fato que pode se realizar segundo leis de liberdade pode ter princípios independentes de toda teoria; porque não há teoria que ultrapasse as determinações da natureza. A filosofia não pode, assim, compreender em sua parte prática (independentemente de uma parte teórica) uma doutrina *tecnicamente prática*, mas, sim, simplesmente uma ciência *moralmente prática*. E se nestes casos a habilidade do arbítrio em seguir leis de liberdade devesse, todavia, chamar-se *arte*, por oposição à natureza, pelo menos seria preciso entender essa arte como um sistema da liberdade semelhante a um sistema da natureza; arte verdadeiramente divina, se por meio dela estivéssemos em estado de executar sem exceção quanto a razão prescreve e de converter suas ideias em atos.

III.
Da divisão de uma Metafísica dos costumes[11]

Toda legislação se compõe de duas partes (quer sendo na

prescrição de atos internos ou externos, sendo indiferente que estes sejam exigidos *a priori* pela simples razão, ou pelo arbítrio de outro); *em primeiro lugar*, de uma *lei* que apresenta como *objetivamente* necessária a ação que deve ser executada, isto é, que faz da ação um dever; *em segundo lugar*, de um motivo que relaciona com a representação da lei o princípio que determina subjetivamente o arbítrio a essa ação. Esta segunda parte equivale, portanto, a que a lei faça do dever um motivo. A lei representa a ação como dever; o que é um conhecimento puramente teórico da determinação possível do arbítrio, isto é, da regra prática. O motivo relaciona a obrigação de agir de tal

11 A dedução da divisão de um sistema, isto é, a prova tanto de sua integralidade quanto de sua *continuidade* ou da transição contínua e sem salto (*divisio per saltum*) da noção dividida aos membros da divisão na série inteira das subdivisões, é uma das condições mais difíceis de serem cumpridas por aquele que concebeu um sistema. Assim, qualquer que seja a primeira noção, a noção *fundamental dividida* na distinção do *justo* e do *injusto* (*aut fas aut nefas*), esta noção tem sua dificuldade. É em geral o ato do *livre-arbítrio*. Os ontólogos começam pelo *ser* e o *nada*, sem notar que isso é uma divisão que carece de uma noção dividida, noção que pode ser somente a de um *objeto* em geral.

maneira com o princípio determinante do arbítrio em geral no sujeito.

Assim, uma legislação pode diferir de outra por seus motivos (assemelhando-se com respeito à ação que converte em dever; por exemplo, as ações podem ser sempre externas). A legislação que de uma ação faz um dever e que ao mesmo tempo dá tal dever por motivo é a legislação *moral*. No entanto, aquela que não faz entrar o motivo na lei, que, consequentemente, permite outro motivo à Ideia do próprio dever, é a legislação *jurídica*. Considerando esta última legislação observa-se facilmente que seus motivos, diferentes da Ideia do dever, devem ser buscados entre os motivos interessados do arbítrio, isto é, entre as inclinações e aversões, porém especialmente entre as aversões, porque uma legislação deve ser coativa e não como um engodo que atraia.

A conformidade ou a não conformidade pura e simples de uma ação com a lei, sem ter em conta os seus motivos, chama-se *legalidade* ou *ilegalidade*. Porém, essa conformidade, na qual a Ideia do dever deduzida da lei é ao mesmo tempo um móvel de ação, é a *moralidade* da ação.

Na legislação jurídica os deveres não podem ser mais que externos porque essa legislação não exige que a Ideia desses deveres, que é interna, seja por si mesma o princípio determinante do arbítrio do agente; e como, todavia, necessita motivos apropriados a uma lei, tem de buscar os externos. A legislação moral, ao contrário, erigindo em deveres os atos internos, não exclui os externos e sim, ao contrário, reivindica tudo que é dever em geral. Porém, precisamente porque a legislação moral contém em sua lei o móvel interno das ações (a Ideia do dever) e porque essa determinação não pode absolutamente influir na legislação externa, a legislação moral não pode sê-lo, ainda se fosse a expressão da vontade divina. Todavia, disso admite como *deveres*, e como motivos em sua legislação, os deveres que nascem de outra legislação, a legislação externa.

Por onde se vê que todos os deveres, pelo simples fato de sê-lo, pertencem à moral. Porém, *sua legislação*, não por isso, está sempre compreendida na *moral*; um grande número deles lhe são estranhos. Assim a moral exige que eu cumpra a promessa que fiz num contrato, ainda que a outra parte contratante não pudesse me obrigar a isso; porém admite a lei (*pacta sunt servanda*) e o direito correspondente como originado pelo dever. A legislação que estabelece que uma promessa, feita e aceita, seja cumprida, não pertence portanto à moral, mas sim ao Direito. Relativamente a este ponto, a moral somente ensina que se o motivo que na legislação positiva se encontra unido a cada dever, isto é, a coação externa, faltar, a Ideia do dever deve por si só ser um motivo suficiente. Se assim não fosse, e se a própria legislação jurídica – e por conseguinte o dever que dela se deduz – não fosse um dever de direito propriamente (por oposição ao dever moral), a fidelidade ao prometido (como consequência do compromisso do contrato) se classificaria entre os atos de moralidade e entre os deveres que aos mesmos correspondem, o que é absolutamente impossível. Não há dever de virtude em cumprir uma promessa; trata-se de um dever de direito a que se pode obrigar. Todavia, é uma ação honrada (uma prova de virtude) cumprir a promessa, mesmo quando não se tenha *de temer* a coação. A ciência do Direito e a da moral diferem, portanto, muito menos em termos da própria diferença dos deveres que lhes são próprios do que pela diversidade do motivo que uma ou outra legislação consignam na lei.

A legislação moral é a que não *pode* ser externa mesmo quando os deveres pudessem sê-lo sempre. A legislação jurídica é a que pode ser externa também. Assim, constitui um dever externo cumprir a promessa feita num contrato; contudo, o cumprimento da promessa por ser um dever, e sem nenhuma outra consideração, corresponde unicamente à legislação *interna*. Portanto, não há como considerar essa obrigação como moral, como se fosse uma espécie particular de dever (uma espécie particular de ações às quais alguém estivesse obrigado) – porque em moral, como em Direito, esse dever é externo – a não ser que se a considere moral porque aqui a legislação é interna e não cai sob o poder de nenhum legislador externo. Segundo este princípio, os deveres de benevolência, embora igualmente deveres externos (obrigações ou ações exteriores) são, entretanto, considerados como deveres morais, porque somente são suscetíveis de uma legislação interna. É certo que a moral tem também seus deveres próprios (por exemplo, os deveres com respeito a si mesmo), porém isso não impede que tenha outros comuns com o Direito, independentemente do modo próprio *de obrigação*. O que a moral tem de distintivo é seu modo *de obrigação*: o caráter da legislação moral é realizar atos pelo simples fato de serem deveres e erigir um motivo suficiente do arbítrio o princípio do dever, onde quer que este se manifeste. Há, pois, na verdade um grande número de deveres *diretamente morais*; porém, a legislação interna considera também todos os demais como deveres morais indiretos.

IV.
Noções preliminares sobre a Metafísica dos costumes (*Philosophia practica universalis*)

A noção de *liberdade* é uma noção da razão pura que corresponde à filosofia teórica transcendente. Em outros termos, é uma noção que não pode ter objeto algum adequado, é uma experiência possível, qualquer que seja; uma noção, por conseguinte, que não é o objeto de um conhecimento teórico possível para nós e que, portanto, não tem valor como princípio constitutivo exceto somente como princípio regulador e ainda simplesmente negativo da razão especulativa. Todavia, a realidade da liberdade se encontra estabelecida no uso prático da razão por princípios práticos. Esses princípios determinam, a título de leis, uma causalidade da razão pura, o arbítrio, independentemente de toda condição empírica (de toda condição sensível em geral) e revelam em nós uma vontade pura, da qual se originam as noções e as leis morais.

Essa noção positiva da liberdade (com respeito à prática) é a base das leis práticas absolutas que se chamam *morais*. E essas leis – com respeito a nós, cujo arbítrio afetado pela sensibilidade não caminhe por isso mesmo sempre espontaneamente conforme a vontade pura, mas que ao contrário está muitas vezes em oposição a ela – são *imperativos* (ordem de fazer ou de não fazer) e mesmo imperativos categóricos (absolutos ou incondicionais) que os distinguem dos imperativos técnicos (regras da arte), os quais nunca ocorrem a não ser relativamente. Segundo essas leis, certas ações são *permitidas* ou *proibidas,* isto é, moralmente possíveis ou impossíveis; porém algumas das primeiras, ou seu contrário, são moralmente necessárias, isto é, obrigatórias. De onde resulta para elas a noção de um dever, cujo cumprimento ou violação é certamente acompanhado de um prazer ou de uma pena de espécie particular (o sentimento moral).

E, contudo, para nada temos em conta, nas leis práticas da razão, este prazer ou esta pena, porque são estranhos *ao fundamento* das leis práticas e se referem tão somente ao efeito subjetivo do cumprimento ou da violação do dever, efeito que transcende à alma quando o arbítrio é determinado por essas leis e que pode ser diferente segundo as pessoas, sem aumentar em nada nem diminuir o valor ou a influência objetiva das leis morais; isto é, estas permanecem absolutamente as mesmas aos olhos da razão.

As noções seguintes são comuns às duas partes da Metafísica dos costumes.

A *obrigação* é a necessidade de uma ação livre sob um imperativo categórico da razão.

Observação. *O imperativo* é uma regra prática, em virtude da qual uma ação em si mesma contingente *se converte* em necessária. Difere de uma lei prática em que esta, sem deixar de apresentar a ação como necessária, não distingue o caso de essa ação ser necessariamente *inerente* ao agente (como sucede sem dúvida nos seres naturalmente santos) daqueles em que não é mais que acidental (como no homem); porque no primeiro caso não cabe imperativo. O imperativo é, pois, uma regra cuja representação *torna* necessária a ação subjetivamente contingente e representa o sujeito no dever de se colocar *necessariamente* em harmonia com essa regra. O imperativo categórico (absoluto) é o que pensa e impõe necessariamente a ação, não de certo modo, mediatamente pela representação de um *fim* que se poderia atingir por ela, mas sim imediatamente e objetivamente necessária, pela simples representação dessa própria ação (de sua forma). Somente a ciência prática que prescreve a obrigação (a obrigação dos costumes) pode dar um exemplo desses imperativos; todos os outros imperativos são *técnicos* e condicionados ou hipotéticos. Mas a razão da possibilidade dos imperativos práticos está em que não se referem a nenhuma outra determinação do arbítrio (a determinação apresenta um objeto ao arbítrio) exceto a sua *liberdade* unicamente.

Uma ação é *lícita (licitum)* quando não é contrária à obrigação; e essa liberdade, que não está circunscrita por nenhum imperativo contrário, chama-se faculdade (*facultas moralis*). Daqui deduz-se facilmente o que é uma ação *ilícita (illicitum).*

O *dever* é a ação a que uma pessoa se encontra obrigada. É, portanto, a matéria da obrigação e pode ser idêntico (quanto à ação), embora possamos vir obrigados a ele de diferentes maneiras.

Observação. O imperativo categórico, que impõe uma obrigação com respeito a certas ações, é uma *lei* moralmente prática. Porém, como a obrigação não significa simplesmente uma necessidade prática (como o enunciado de uma lei em geral), mas sim também uma *ordem*, esse imperativo é uma lei imperativa ou proibitiva, conforme o dever consista em fazer ou em não fazer. Uma ação que não é mandada nem proibida é simplesmente *permitida* porque, com relação a ela, não existe lei que se imponha à liberdade (faculdade moral, direito), e portanto não há dever. Uma ação dessa espécie se chama moralmente indiferente (*indifferens, res merae facultatis*). Pode-se questionar se tais ações existem; e, em caso afirmativo, se faz falta uma lei facultativa (*lex permissiva*) para que cada um possa fazer ou não fazer uma coisa, segundo lhe agrade, independentemente da lei imperativa (*lex prae-ceptiva, lex mandati*) e da lei proibitiva (*lex prohibitiva, lex vetiti*). Se assim fosse, a faculdade moral, o direito, não teriam nunca por objeto uma ação indiferente porque uma ação dessa espécie não necessitaria uma lei particular para autorizá-la moralmente.

Um *fato* recebe o nome de ação enquanto está submetido às leis da obrigação, por conseguinte, enquanto o sujeito nele é considerado segundo a liberdade de seu arbítrio. O agente é considerado com relação a esse ato como *autor* do fato material, e este fato e a própria ação podem ser-lhe *imputados*, se previamente se tenha conhecido a lei em virtude da qual ambos entranham uma obrigação moral.

Uma *pessoa* é o sujeito cujas ações são suscetíveis de *imputação*. A personalidade moral é, assim, apenas a liberdade de um ser racional submetido às leis morais. A personalidade psicológica é tão somente a faculdade do ser que tem consciência de si mesmo nos diferentes estados da identidade de sua existência. De onde se conclui que uma pessoa pode ser submetida tão somente às leis que ela mesma se dá (seja a ela sozinha, seja a ela ao mesmo tempo que a outros).

Uma *coisa* é o que não é suscetível de nenhuma imputação. Todo objeto do livre-arbítrio, que carece de liberdade por si, é chamado portanto de coisa (*res corporalis*). O *justo* ou o *injusto* (*rectum aut minus rectum*) é, em geral, um fato conforme ou não conforme ao dever (*factum licitum aut illicitum*). É talvez o próprio dever quanto a seu objeto ou a sua origem, de qualquer espécie que seja. Um fato contrário ao dever se chama transgressão (*reatus*).

A transgressão *não premeditada,* no entanto imputável, é uma simples falta (*culpa*). A transgressão *deliberada* (isto é, aquela acompanhada da consciência de que há transgressão) chama-se *delito.* O que se conforma às leis externas se chama *justo,* o contrário se chama *injusto.*

O *conflito* dos deveres (*collisio officiorum seu obligationum*) seria uma relação entre estes, de tal maneira que um destruirá o outro (completa ou parcialmente). Porém, como o dever e a obrigação em geral são noções que expressam a *necessidade* absoluta prática de certas ações, e como duas regras opostas entre si não podem ser ao mesmo tempo necessárias, antes ao contrário, sendo um dever agir conforme uma delas, não só não é obrigatório como também é ilícito seguir a lei oposta, não é concebível a *colisão* dos *deveres* e obrigações (*obligationes non colliduntur*). Contudo, podem muito bem concorrer em um sujeito e numa regra que ele se prescreva, dois *princípios* de ação (*rationes obligandi*) reunidos, mas tais que um ou outro não baste para obrigar (*rationes obligandi non obligantes*); e então um deles não é dever. Quando se apresentam dois princípios dessa maneira em oposição, a filosofia prática não diz que a obrigação mais forte vence (*fortior obligatio vincit*), mas sim que o *princípio de obrigação* mais forte subsiste (*fortior obligandi ratio vincit*).

Em geral, as leis obrigatórias, suscetíveis de uma legislação exterior, chamam-se *leis exteriores (leges externae)*. A este número pertencem aquelas leis cuja obrigação pode ser concebida *a priori* pela razão sem legislação exterior, as quais não por serem exteriores perdem seu caráter de *naturais*. Pelo contrário, as que não obrigam sem uma legislação exterior real (sem a qual não seriam leis) são chamadas de leis *positivas*. É, assim, possível conceber uma legislação exterior que somente encerrasse as leis naturais; mas ainda faria falta a preexistência de uma lei natural que fundamentasse a autoridade do legislador (isto é, a faculdade moral de obrigar aos demais por sua simples vontade).

O princípio, que de certas ações faz um dever, é uma lei prática. Porém, a regra que o agente se prescreve a si mesmo, como princípio por razões subjetivas, é chamado de sua *máxima*. De onde vemos que, com leis idênticas, as máximas dos agentes podem ser muito diferentes.

O imperativo categórico, que enuncia de uma maneira geral o que é obrigatório, pode ser formulado assim: age segundo uma máxima que possa ao mesmo tempo ter valor de lei geral. Podes, portanto, considerar tuas ações segundo seu princípio subjetivo; mas não podes estar seguro de que um princípio tem valor objetivo exceto quando seja adequado a uma legislação universal, isto é, quando este princípio possa ser erigido por tua razão em legislação universal.

A simplicidade dessa lei, comparada com as grandes e numerosas consequências que possam dela resultar, estranhará, talvez, à primeira vista, como uma autoridade que impera sem ter a seu favor um motivo aparente. Porém, se nos assombra a faculdade que possui nossa razão de determinar o arbítrio pela simples Ideia de poder erigir uma máxima em lei prática *universal*, observemos que essas mesmas leis práticas (as leis morais) são as únicas que dão a conhecer uma propriedade do arbítrio, que a razão especulativa nunca teria descoberto, nem por meio de princípio *a priori*, nem por meio da experiência, e cuja possibilidade, mesmo que tivesse podido ser descoberta, não teria como ter demonstração teórica, ao passo que todas essas leis práticas estabelecem de uma maneira incontestável essa propriedade, que é a liberdade; dessa forma estranhará menos que essas leis sejam *indemonstráveis* e contudo *apodíticas*, como postulados matemáticos, o que abre um campo vasto de conhecimentos práticos, onde a razão vê que em teoria tudo absolutamente se lhe oculta, não somente a ideia de liberdade como qualquer outra ideia hiperfísica. A conformidade de uma ação com a lei do dever é chamada de *legalidade* (*legalitas*). A *conformidade* da máxima de uma ação com a lei constitui sua *moralidade (moralitas)*. Uma *máxima* é o princípio *subjetivo* que o sujeito se impõe como regra de ação (é o como *quer* agir). Ao contrário, o princípio do dever é o que a razão lhe prescreve em absoluto, por conseguinte objetivamente (é o como *deve* agir).

O princípio supremo da moral é, portanto: age segundo uma máxima que possa ter valor como lei geral. Toda máxima que não seja suscetível dessa extensão é contrária à moral.

Observação. As leis procedem da vontade; as máximas, do arbítrio. No homem o arbítrio é livre. A vontade que só tem a ver com a lei não pode ser chamada de livre ou não livre porque não se refere às ações mas, sim, de imediato à legislação das máximas para as ações (consequentemente, à própria razão prática). É, pois, simplesmente necessária e não *suscetível* de violência. Só o *arbítrio* pode ser chamado de *livre*.

No entanto, a liberdade do arbítrio não pode ser definida: a faculdade de determinar uma ação conforme ou contrária à lei (*libertas indifferentiae*) – como se tentou fazê-lo –, por mais que o arbítrio, como *fenômeno*, apresente muitos exemplos na prática. De fato, não conhecemos a liberdade (tal como a lei moral a revela a nós pela primeira vez) a não ser como uma qualidade *negativa*, que significa a ausência de princípios de determinação sensível que produzam em nós a *necessidade* da ação. Porém, como *noumenos*, isto é, considerada relativamente à faculdade do homem enquanto simples inteligência, não podemos fazer ver como a liberdade é *necessitante* com respeito ao arbítrio sensível, nem por conseguinte demonstrá-la *teoricamente*, por seu caráter positivo. Unicamente podemos notar que o homem em sua qualidade de *ser visível*, ainda que dê certamente provas de uma faculdade de escolha, não só *conforme*, como também *contra a lei*, não pode, todavia, ser considerado como livre com uma *liberdade* que pode *ser definida* como a de um *ser inteligível*. De fato, os fenômenos não podem tornar compreensível um objeto hiperfísico (tal como o livre-arbítrio) e a liberdade nunca pode consistir em que o sujeito racional possa adotar uma decisão contrária à razão (legislativa), mesmo que a experiência frequentemente mostre que assim sucede, não nos sendo possível conceber a possibilidade de que assim seja. Porque uma coisa é reconhecer uma proposição (de experiência) e outra coisa é erigi-la em *princípio de definição* (da noção do livre-arbítrio) e em caráter geral (que distinga o arbítrio humano do *arbitrium brutum seu servum*). De fato, no primeiro caso (quando se trata do fato) não se afirma que o signo corresponda *necessariamente* à noção, condição indispensável no segundo caso. A liberdade com respeito à legislação interior da razão não é propriamente senão uma faculdade; a possibilidade de se separar dessa legislação é apenas impotência. Como, então, a primeira dessas coisas teria de ser explicada pela segunda? Uma definição que à noção prática acrescente a de sua realização, segundo resulte da experiência, é uma *definição bastarda* (*definitio hybrida*), que apresenta a noção sob um ponto de vista falso.

Uma *lei* (moralmente prática) é uma proposição que contém um imperativo categórico, uma ordem. O que manda (*imperans*) por meio de uma lei é o *legislador (legislator)*. É o autor da obrigação pela lei; porém, não é sempre o autor da lei. No caso em que fosse, a lei seria positiva (contingente) e arbitrária. A lei, que nos obriga *a priori* e incondicionalmente por nossa própria razão, pode também ser considerada como procedente da vontade de um legislador supremo, o qual só tem direitos e nenhum dever (portanto, da vontade divina). Porém, isso implica tão somente a ideia de um ser moral, cuja vontade faz lei para todos, sem considerar por isso tal vontade como causa da lei.

A *imputação* (*imputatio*), em moral, é o juízo pelo qual se declara alguém como autor (*causa libera*) de uma ação, a qual toma o nome de *fato* (*factum*) e está submetida às leis. Se esse juízo implica ao mesmo tempo consequências jurídicas, derivadas desse fato, a *imputação* é jurídica (*imputatio judiciaria, s. válida*). No caso contrário, é tão somente uma imputação *crítica (imputatio dijudicatoria)*. A pessoa (física ou moral) que tem a faculdade moral ou o direito de imputar judicialmente é chamada de juiz ou tribunal (*judex s. forum*).

O *mérito (meritum)* consiste em fazer algo conforme o dever, *além* do estritamente exigível pela lei. Se é feito tão somente o que é prescrito pela lei, ocorre só o pagamento de uma *dívida* (*debitum*); porém, se é feito *menos* há *delito* moral, *demérito (demeritum)*. O efeito jurídico do delito é a pena (*poena*), o de uma ação meritória é a *recompensa (praemium)*, supondo que a recompensa prometida na lei tenha sido a causa da ação. A conformidade com o dever (*debitum*) não tem efeitos *jurídicos*. A *retribuição* gratuita (*remuneratio s. repensio benéfica*) não mantém *relação jurídica* com uma ação.

Observação. As consequências boas ou más de uma ação que devia ocorrer em direito e as consequências da omissão de uma ação meritória não podem ser imputadas ao sujeito (*modus imputationis tollens*).

As boas consequências de uma ação meritória, as más consequências de uma ação injusta são imputáveis ao sujeito (*modus imputationis imponens*).

O grau de *imputabilidade* (*imputabilitas*) das ações deve ser estimado *subjetivamente*, tendo em conta a magnitude dos obstáculos que tiveram de ser vencidos. Quanto maior for o obstáculo físico (que provém da sensibilidade) e menor a resistência moral (que provém do dever), tanto mais meritória será a *boa ação*. Por exemplo, sê com grande prejuízo meu livro, meu inimigo capital de um perigo iminente.

Ao contrário, quanto menor for o obstáculo físico, e quanto maior for o que resulta dos princípios do dever, tanto mais imputável como falta é a transgressão. O estado da alma ocasiona, assim, uma diferença na imputabilidade, conforme tenha o sujeito cometido a ação no momento da paixão ou com plena tranquilidade.

Introdução à Teoria do Direito

A. Que é o Direito como ciência?

O conjunto das leis suscetíveis de uma legislação exterior se chama *Teoria do Direito*, ou simplesmente *Direito (jus)*. Quando essa legislação existe, forma a ciência do *Direito positivo*. O homem versado nesta ciência ou que conhece Direito é chamado de *jurisconsulto (jurisperitus)* se, além disso, conhece as leis exteriores de um modo exterior, isto é, em sua aplicação aos diferentes casos apresentados pela experiência, e nesse caso a ciência do Direito recebe o nome de *jurisprudência* (*juri-prudentia*). Porém, se faltam essas duas condições indispensáveis para que haja jurisprudência, a ciência do justo é tão somente a simples *ciência do Direito (juris scientia).* Esta última denominação convém ao conhecimento *sistemático* do Direito Natural (*jus naturae*), por mais que o jurisconsulto deva tomar dessa última os princípios imutáveis de toda legislação positiva.

B.
Que é o direito em si?

Esta questão, se não for para mergulhar numa tautologia ou referir-se à legislação de determinado país ou tempo, em lugar de dar uma solução geral, é tão grave para o jurisconsulto como o é para o lógico a questão: *que é a verdade?* Seguramente pode-se dizer que é o direito (*quid sit juris*), isto é, que prescrevem ou prescreveram as leis de determinado lugar ou tempo. Porém, a questão de saber se o que prescrevem essas leis é justo, a questão de dar por si o critério geral por meio do qual possam ser reconhecidos o justo e o injusto (*justum et injustum*) jamais poderá ser resolvida a menos que se deixe à parte esses princípios empíricos e se busque a origem desses juízos na razão somente (ainda que essas leis possam muito bem se dirigir a ela nessa investigação), para estabelecer os fundamentos de uma legislação positiva possível. A ciência puramente empírica do Direito é (como a cabeça das fábulas de Fedro) uma cabeça que poderá ser bela, mas possui um defeito – o de carecer de cérebro.

A noção do direito, relativamente a uma obrigação correspondente (isto é, a noção moral dessa obrigação), *em primeiro lugar* concerne tão somente à relação exterior e prática de uma pessoa com outra, enquanto suas ações como fatos possam ter uma influência (mediata ou imediata) sobre outras ações. Porém, *em segundo lugar,* essa noção não indica a relação do arbítrio com o *desejo* (por conseguinte com a simples necessidade) de outro, como nos atos de beneficência ou de crueldade, mas simplesmente a relação do arbítrio do agente com o *arbítrio* de outro. *Em terceiro lugar,* nessa relação mútua do arbítrio, não se toma em consideração a *matéria* do arbítrio, isto é, o fim a que cada um se propõe. Não se discute, por exemplo, no contrato que outro celebre comigo para seu próprio comércio, se, mediante ele, poderá obter este ou o outro benefício; se discute tão somente a *forma* na relação do arbítrio respectivo dos contratantes, considerada sob o ponto de vista da *liberdade,* isto é, que só faz falta saber se a ação de *um* deles é ou não um obstáculo à liberdade do *outro* segundo uma lei geral.

C.
Princípio universal do Direito

"É justa toda a ação que por si, ou por sua máxima, não constitui um obstáculo à conformidade da liberdade do arbítrio de todos com a liberdade de cada um segundo leis universais."

Se, assim, a minha ação, ou em geral meu estado pode subsistir com a liberdade dos demais, segundo uma lei geral, comete uma injustiça contra mim aquele que me perturba nesse estado porque o impedimento (a oposição) que me suscita não pode subsistir com a liberdade de todos, segundo leis gerais.

De onde se conclui também que não se pode exigir que esse princípio de máximas me sirva de máxima, isto é, que *eu o torne máxima de minhas ações,* porque os demais podem ser livres, ainda quando a liberdade do outro me fosse indiferente, ou ainda quando eu pudesse me opor a ela no fundo de meu coração, de tal maneira que lhe pusesse obstáculo por minha *ação exterior.* A moral exige de mim que adote por máxima conformar minhas ações ao direito.

Por conseguinte, a lei universal de direito: age exteriormente de modo que o livre uso de teu arbítrio possa se conciliar com a liberdade de todos, segundo uma lei universal, é, na verdade, uma lei que me impõe uma obrigação; mas que não exige de mim que a causa dessa obrigação *deva* eu sujeitar minha liberdade a essas *próprias* condições; unicamente a razão diz que esse é o limite atribuído à liberdade por sua ideia e que de fato pode ser encerrada nele por outro. Isto é o que a razão proclama como um postulado, que não é suscetível de prova ulterior. Não se propondo a ensinar a virtude, mas somente expor em que consiste o *direito*, não se pode, nem se deve, apresentar essa lei de direito como um motivo de ação.

D.
O DIREITO É INSEPARÁVEL DA FACULDADE DE OBRIGAR

A oposição ao obstáculo de um efeito é requerida por esse efeito e está em conformidade com ele. Ora, tudo o que é injusto contraria a liberdade, segundo leis gerais. A resistência é um obstáculo posto à liberdade. Logo, se algum uso da própria liberdade constitui um obstáculo à liberdade, segundo as leis gerais (isto é, injusto), nesse caso a resistência que se lhe opõe, como se fosse destinada *a fazer ceder o obstáculo à liberdade*, está conforme à liberdade segundo leis gerais, isto é, que é justa: por conseguinte o direito é inseparável, segundo o princípio de contradição, da faculdade de obrigar ao que se opõe a seu livre exercício.

E.
O DIREITO ESTRITO PODE TAMBÉM SER REPRESENTADO COMO A POSSIBILIDADE DE UMA OBRIGAÇÃO MÚTUA, UNIVERSAL, CONFORME COM A LIBERDADE DE TODOS SEGUNDO LEIS GERAIS

Esta proposição equivale a dizer que o direito não deve ser considerado como constituído de duas partes, a saber: a obrigação segundo uma lei e a faculdade que possui o que, por um arbítrio, obriga a outro a obrigar-se ao cumprimento dessa obrigação; exceto que se pode imediatamente fazer consistir a noção do direito na possibilidade de conformar a obrigação geral recíproca com a liberdade de todos. De fato, como o direito não tem absolutamente por objeto senão o que concerne aos atos exteriores, o direito estrito, aquele em que não se mescla nada próprio da moral, é o que exige tão somente princípios exteriores de determinação para o arbítrio; porque neste caso é puro e sem mescla de preceito moral algum. Somente, portanto, o direito puramente exterior pode ser chamado direito *estrito*. Este direito se funda, na verdade, na consciência da obrigação de todos, segundo a lei; porém, para determinar o arbítrio em consequência dessa obrigação, o direito estrito ou puro não pode nem deve se referir a essa consciência como móvel; pelo contrário, deve se apoiar no princípio da possibilidade de uma força exterior conciliável com a liberdade de todos, segundo leis gerais. Assim, pois, quando se diz: um credor tem o direito de exigir de seu devedor o pagamento de sua dívida, não se quer dizer que possa persuadi-lo de que sua própria razão o obrigue a essa devolução, mas, sim, que o forçá-lo a essa devolução, força que se estende a todos, pode subsistir com a liberdade geral; por conseguinte, até mesmo com a do próprio devedor, segundo uma lei geral exterior. O direito e a faculdade de obrigar são, portanto, uma mesma coisa.

Observação. A lei de uma obrigação mútua que se conforma necessariamente com a liberdade de todos, sob o princípio da liberdade geral, é de certo modo a *construção* de uma noção do direito, isto é, sua exposição numa intuição pura *a priori*, segundo a analogia da possibilidade livre dos movimentos livres dos corpos submetidos à lei da *igualdade da ação e da reação*. Agora, assim como na Matemática pura não fazemos derivar imediatamente da noção as propriedades de seu objeto, as quais não podemos descobrir senão construindo a noção, do mesmo modo não é precisamente a *noção* do direito, mas, sim, a de uma obrigação igual, mútua, universal, conforme à noção do direito e submetida a uma regra geral, a que torna possível a exposição desta última. Porém, assim como esta noção dinâmica tem por fundamento uma noção puramente formal, na Matemática pura (por exemplo, na geometria), do mesmo modo a razão, por exemplo, cuidou de prover o entendimento, dentro do possível, de intuições *a priori* para facilitar a construção da noção de direito. O direito (*rectum*), como o *direto*, se opõe de um lado ao *curvo*, de outro ao *oblíquo*. No primeiro caso é a *qualidade essencial* de uma linha, em termos que entre dois *pontos* dados só pode haver uma *única* linha dessa espécie. Porém, no segundo caso, o *direito* resulta da posição de duas *linhas* que se cortam ou se tocam em um ponto, e das quais *somente uma* pode ser perpendicular, não se inclinando mais para um lado do que para outro e formando dois ângulos iguais. Segundo esta analogia, o direito determina a cada um o *seu* (com uma precisão matemática); o que não se pode esperar da *moral*, que tem de se prestar a uma certa latitude para as exceções. Entretanto, sem entrar nos domínios da moral, há dois casos que reclamam uma decisão jurídica, nos quais, todavia, ninguém pode julgar e que pertencem, de certo modo, aos *Intermundia* de Epicuro. Esses dois casos devem desde já ser separados do direito propriamente dito, de que vamos tratar, a fim de que os seus princípios móveis não exerçam influência alguma sobre os princípios certos do direito.

Apêndice à Introdução do Direito

Do direito equívoco (*Jus aequivocum*)

Todo direito, no sentido *estrito (jus strictum)*, está acompanhado da faculdade de obrigar. Contudo, pode-se, além disso, conceber outro direito no sentido *lato (jus latum)*, com relação ao qual uma lei não pode determinar a faculdade de obrigar. Agora, este direito lato, verdadeiro ou falso, é de dois modos: a *equidade* e o *direito de necessidade*. A equidade admite um direito que não pode obrigar e a necessidade uma exigência sem direito.

No entanto, vê-se claramente que esta ambiguidade provém da existência de casos de direito duvidosos, cuja decisão não pode ser encomendada a ninguém.

I.
A equidade (*aequitas*)

A *equidade* (objetivamente considerada) não é um título em virtude do qual se possa compelir outro ao cumprimento de um dever puramente moral (ser benévolo ou benéfico). Aquele que pede algo em nome desse princípio se funda em seu *direito*; só que lhe faltam as condições que seriam necessárias ao juiz para decidir quanto se lhe deve e de que maneira se pode satisfazer sua petição. Aquele que numa sociedade comercial, por partes iguais, *contribuiu*, todavia, mais que os outros sócios e que por isso mesmo em um caso de sinistro *perde* mais, pode, *conforme a equidade*, pedir que a sociedade lhe considere em conta o que mais lucrou e lhe assinale uma indenização maior que aos outros. Porém, segundo o direito propriamente dito (o estrito), o juiz deste assunto, carecendo de dados determinados (*data*) para decidir o que corresponde ao demandante, segundo contrato, negaria sua petição.

Um criado, a quem ao fim de um ano paga-se o salário em moeda que perdeu parte de seu valor durante esse mesmo ano e que não é mais suficiente para que ele compre o que com a mesma soma teria podido adquirir na época em que celebrou seu contrato, não pode apelar para seu direito a fim de obter, em lugar da igualdade numérica e material, a igualdade de valor para que possa ser recompensado por um trabalho que ele estimava em mais do que vale o salário que lhe é concedido; só pode recorrer à equidade (*divindade* muda, cuja voz não pode ser escutada); entretanto, como no contrato nada foi estipulado a respeito desse particular, o juiz não pode ajustar sua sentença a condições imprevistas e não determinadas.

De onde se deduz que o *tribunal da equidade* (no litígio dos direitos de outro) é uma verdadeira contradição. Unicamente quando se trata dos direitos próprios do juiz, e pode operar em assunto próprio, pode e mesmo deve atender à equidade. Por exemplo, se a Coroa toma a seu cargo as perdas que outros sofreram a seu serviço e lhe é pedida uma reparação, mesmo segundo o direito estrito poderia desatender essa reclamação, visto que poderia alegar que os funcionários que pedem reparação haviam aceito aqueles cargos com todas as suas consequências.

O lema (*dictum*) da equidade é, portanto, "O direito muito estrito é uma injustiça muito grande" (*Summum jus summa injuria*). Contudo, este mal não pode ser corrigido por meio do direito por mais que se refira a uma questão de direito, porque a reclamação que se funda na equidade somente tem força no tribunal da consciência (*forum coeli*), ao passo que a questão de direito é discutida no tribunal civil (*forum soli s. civile*).

II.
Direito de necessidade (*Jus necessitatis*)

Este pretendido direito consiste na faculdade moral de defender minha vida causando a morte a quem não me provoca dano. É evidente que neste caso deve haver um conflito do direito consigo mesmo porque não tratamos aqui do agressor *injusto* que atenta contra minha vida, de quem me defendo matando-o (*jus inculpatae tutelae*), caso em que a recomendação de moderação (*moderamen*) não corresponde sequer ao direito, mas, sim, à moral; trata-se, sim, da violência lícita contra quem a usou comigo, o que é proibido pelo direito positivo.

Está claro que essa asserção não deve ser entendida objetivamente, segundo o mandato de uma lei, mas somente no sentido subjetivo e tal como se pronunciaria a sentença na justiça. De fato, não pode haver nenhuma *lei penal* que condene à morte aquele que, naufragando com outro e correndo o mesmo perigo de perder a vida, o rechaça, apoderando-se da tábua com cujo auxílio teria podido salvar-se; porque a pena imposta pela lei ao que privara o outro da tábua salvadora jamais podia ser maior que a perda da vida. Semelhante lei penal não teria qualquer força repressiva; porque a ameaça de um mal todavia *inseguro* (a morte pela sentença do juiz) não pode igualar o temor de um mal *seguro* (o de perecer afogado). Por conseguinte, o fato da conservação através da violência não deve ser considerado como inocente (*inculpabile*), é certo, mas unicamente como *impunível (impunible)*; e os doutores, por uma estranha confusão, tomam essa impunidade *subjetiva* por uma impunidade *objetiva* (por uma legalidade).

A máxima do direito de necessidade é esta: *a necessidade carece de lei*; e, todavia, não pode haver necessidade que torne a injustiça legal.

Vimos que em dois juízos de direito (o direito de equidade e o de necessidade) a *ambiguidade* (*aequivocatio*) provém da confusão de princípios objetivos com os princípios subjetivos do exercício do direito na presença da razão e da Justiça, visto que nesses casos o que todos reconhecem como essencialmente justo em si não tem confirmação perante os tribunais, os quais absolvem o que deve ser considerado como injusto em si; porque a noção do direito nesses casos não pode ser tomada no mesmo sentido.

Divisão da Ciência do Direito

A.
Divisão geral dos deveres de direito

Pode-se muito bem admitir a divisão de Ulpiano sempre que se dê às suas fórmulas o sentido que ele sem dúvida lhes deu, embora com pouca clareza; sentido de que são perfeitamente suscetíveis. Ei-las aqui:

1. *Sê homem honrado (honeste vive).* A honradez em direito *(honestas juridica)* consiste em manter nas relações com os outros homens a dignidade humana, dever que se formula assim: "Não te entregues aos demais como instrumento puramente passivo; procura ser para eles ao mesmo tempo um fim". Este dever será definido mais adiante como uma obrigação deduzida do direito da humanidade em nossa própria pessoa *(lex justi).*

2. *Não faz dano a terceiros (neminem laede),* mesmo quando para isso tenhas de renunciar à sociedade dos outros homens e fugir de toda a sociedade humana (*lex juridica*).

3. *Entra* (se não podes evitá-lo) com os homens em uma sociedade em que cada um possa conservar o que lhe pertence (*suum cuique tribue*). Se esta última fórmula se traduzir como: "Dá a cada um o seu" é absurda, pois a ninguém se pode dar o que já tem. Para dar a tal fórmula, algum sentido deve ser assim: "Entra num estado em que cada um possa conservar o seu contra os demais (*lex justitiae*)".

Estas três fórmulas clássicas são, portanto, ao mesmo tempo, os princípios da divisão do sistema dos deveres de direito em *internos, externos* e os que permitem derivar os últimos do princípio dos primeiros.

B.
Divisão geral do Direito

1. O Direito, como *ciência* sistemática, divide-se em Direito natural, que se funda em princípios puramente *a priori,* e em Direito *positivo* (regulamentar), que tem por princípio a vontade do legislador.

2. O Direito como faculdade (moral) de obrigar os outros, isto é, como título legítimo (*titulum*) contra eles, de onde é derivada a divisão precedente, direito *natural* e direito *adquirido.* O primeiro é o que a cada um corresponde naturalmente, independentemente de todo ato de direito; o segundo, pelo contrário, não pode existir sem um ato dessa natureza.

O meu e o teu naturais podem também ser chamados de meu e teu *Internos (meum et tuum internum);* porque o meu e o teu externo deve sempre ser adquirido.

Há somente um único direito natural ou inato

A *liberdade* (independência do arbítrio de outro), à medida que possa subsistir com a liberdade de todos, segundo uma lei universal, é esse direito único, primitivo, próprio de cada homem, pelo simples fato de ser homem. A *igualdade* natural, isto é, a impossibilidade moral de ser obrigado pelos demais a mais coisas do que aquelas a que estão obrigados com respeito a nós; por conseguinte, a qualidade do homem, de ser *dono de si mesmo (sui juris),* ao mesmo tempo a qualidade de homem *irrepreensível (justi),* porque antes de todo ato de direito a ninguém se fez dano; enfim, até mesmo a faculdade de proceder com os outros de um modo que de seu não lhes prejudica, se eles não põem algo de sua parte, por exemplo, a faculdade de lhes comunicar simplesmente seu pensamento, de lhes referir alguma coisa, verdadeira ou falsa (*veriloquium aut falsiloquium*) ou de fazer-lhes uma promessa leal porque depende inteiramente deles o crer ou não crer[12] que todas

12 Há um costume de considerar como *mentira* toda falsidade dita com intenção, embora só seja por leviandade, porque com ela se pode causar dano, ainda que não seja mais que o ridículo em que incorre aquele que, por efeito de sua credulidade, repete o que ouviu. Contudo, em sentido jurídico, chama-se de *mentira* tão somente a falsidade, pela qual se prejudica imediatamente o direito de outro; por exemplo, se tu pretendes com falsidade haver celebrado um contrato com outro para privá-lo de seus bens (*falsiloquium dolosum*); e esta diferença entre noções muito parecidas não carece de fundamento, visto que cada um é sempre livre de tomar ou não ao pé da letra o que se lhe diz, ou de interpretá-lo a sua maneira, se bem é certo que a reputação de um homem, em cuja palavra não se pode confiar, está tão próxima do opróbrio da mentira que apenas se distingue a linha de demarcação entre o que corresponde ao direito e o que corresponde à moral.

essas faculdades estejam já contidas no princípio da liberdade inata e não diferem efetivamente dela (como membros de uma divisão submetida a uma noção superior de direito).

Esta divisão foi introduzida no sistema do direito natural (enquanto se refere ao direito inato) com a finalidade de, caso se suscite alguma dificuldade, com respeito a um direito adquirido, e caso haja dúvidas sobre a qual das partes corresponde a obrigação de provar *(onus probandi)* seja um fato duvidoso, seja o direito, se o fato estiver estabelecido, aquele que afasta essa obrigação possa apelar metodicamente, e como a títulos diferentes de direito, a seu direito natural de liberdade (direito que se especifica segundo as diferentes relações que ocorrem).

Ora, visto que não há, com respeito ao direito natural, e por conseguinte com respeito ao Meu e Teu interno, *direitos*, mas somente um direito *único*, a divisão mais geral pode, na condição de composta de dois membros muito diferentes, se relegar aos prolegômenos e a divisão do direito se referir simplesmente ao Meu e Teu exterior.

Divisão da metafísica dos costumes em geral

I. Todos os deveres são deveres de direito ou deveres de virtude

Todos os deveres são *deveres de direito (officia juris)*, isto é, deveres tais que sua legislação pode ser exterior, ou *deveres de virtude (officia virtutis seu ethica)*, que não são suscetíveis de semelhante legislação. Estes últimos deveres não podem ser submetidos a uma legislação exterior, porque têm um *fim* (o de tê-los), o qual é, ao mesmo tempo, um dever. Ora, nenhuma legislação pode nos fazer propor um fim (já que isto é um ato interno do espírito), ainda quando possam ser ordenadas e prescritas ações exteriores que conduzam a esse objeto, sem que o sujeito as proponha como fim.

Observação. Mas por que a moralidade é definida ordinariamente (entre outros, por Cícero) como *a ciência dos deveres* quando, todavia, uns são correlativos dos outros? A razão é que não conhecemos nossa própria liberdade, da qual procedem todas as leis morais – por conseguinte todos os direitos e todos os deveres –, senão pelo *imperativo moral,* que é um princípio de enunciação do dever, princípio de onde pode ser deduzida imediatamente a faculdade moral de obrigar os demais, isto é, a noção do direito.

II.
Divisão segundo a relação objetiva da lei ao dever

Visto que, na ciência dos deveres, o homem pode e deve ser representado como uma personalidade independente das determinações físicas (*homo noumenon*) quanto a sua liberdade, faculdade que se encontra completamente fora do alcance dos sentidos, e portanto também quanto a sua humanidade, em contraposição ao homem considerado como sujeito a essas determinações (*homo phoenomenon*), o direito e o fim, referidos, todavia, ao dever nessa qualidade dupla, apresentarão a divisão seguinte:

<table>
<tr><th colspan="6">Divisão segundo a relação objetiva da lei ao dever</th></tr>
<tr><td colspan="6">Deveres com respeito a si mesmo</td></tr>
<tr><td rowspan="2">Deveres de Direito</td><td>1º
Direito da natureza humana em nossa própria pessoa.</td><td rowspan="2">Deveres perfeitos</td><td rowspan="2">Deveres imperfeitos</td><td>3º
Fim da natureza humana em nossa própria pessoa.</td><td rowspan="2">Deveres de virtude</td></tr>
<tr><td>2ª
Direito dos homens.</td><td>4ª
Fim dos homens.</td></tr>
<tr><td colspan="6">Deveres com respeito ao outro</td></tr>
</table>

III.
Divisão do ponto de vista subjetivo dos obrigantes e dos obrigados

Como os sujeitos nos quais se considera a relação do direito ao dever (seja ou não real) são suscetíveis de relações diferentes, é possível uma divisão por meio desse conceito.

Divisão do ponto de vista subjetivo dos obrigantes e dos obrigados	
1ª	**2ª**
Relação jurídica do homem com seres *que não têm direitos nem deveres.* Nenhuma (*vacat*). Porque são seres destituídos de razão, que não nos obrigam e a respeito dos quais não podemos ser obrigados.	Relação do homem com seres que têm direitos e deveres. Existe (*adest*). Porque é uma relação de homem a homem.

Divisão do ponto de vista subjetivo dos obrigantes e dos obrigados	
3ª	**4ª**
Relação jurídica do homem com seres que somente têm deveres sem direito algum. Nenhuma (*vacat*). Porque só poderiam ser homens sem personalidade (os servos e os escravos).	Relação jurídica do homem com um ser que somente tem direitos sem nenhum dever (Deus). Nenhuma (*vacat*). A saber, somente na filosofia, porque nela nada há que seja suscetível de experiência.

Há, portanto, relação *real* de direito e de dever somente no nº 2. A razão para que não haja no nº 4 é que o dever, se existisse, seria *transcendente,* isto é, de tal maneira que não poderia assinalar-se como correspondente nenhum sujeito exterior que obrigasse. Esta relação, sob esse ponto de vista teórico, é assim neste caso puramente *ideal,* isto é, tem por termo um ser de razão que nos *figuramos*, não por meio de uma noção completamente *vã*, mas mediante uma noção útil para nós mesmos e para a máxima da moralidade interna; por conseguinte, com respeito à prática interna; noção fecunda que contém também todo nosso dever *imanente* (*practicable*) sob essa relação puramente pensada.

Divisão da Moral como sistema dos deveres em geral	
Moral elementar	**Metodologia**
Deveres de direito – Deveres de virtude	Didática – Ascética
Direito privado – Direito público	

Tudo o que não contém simplesmente a matéria, mas também a forma sistemática da filosofia moral científica, de tal modo que os elementos metafísicos tenham estabelecido perfeitamente seus princípios gerais.

Não se pode fazer a divisão principal do direito natural (como às vezes é costume) em direito *natural* e direito *social*, mas sim em direito natural e direito *civil*; o primeiro desses direitos é chamado de direito *privado*; o segundo, direito *público*. De fato, o direito social ou privado não se opõe ao *estado de natureza*, porém o direito civil ou público porque pode certamente haver sociedade no estado de natureza, mas não uma sociedade *civil* (que garanta o Meu e o Teu por meio de leis públicas); por isto chamamos de direito privado ao primeiro dos direitos precedentes.

Primeira Parte

Direito Privado

Do meu e do teu exterior em geral

Capítulo I

Da maneira de ter alguma coisa exterior como sua

I.
Definição da propriedade em geral

O meu em direito (meum juris) é aquele com que tenho relações tais que o seu uso por outro sem minha permissão me prejudicaria. A condição subjetiva da possibilidade de um uso qualquer é a *posse*; porém, uma coisa *exterior* não é minha a não ser enquanto posso, com justiça, me supor agravado pelo uso que outro faça dessa coisa, *mesmo quando eu não esteja em posse dela.* É, portanto, contraditório ter como seu algo exterior, se a noção da posse não for suscetível de dois sentimentos diferentes; isto é, se não há uma posse *sensível* e uma posse *inteligível*, e se não é possível entender-se pela primeira a posse *física* de um objeto e pela segunda a posse *simplesmente jurídica* desse mesmo objeto.

A expressão: um objeto exterior está *fora de mim* pode significar portanto ou tão somente que é um objeto *diferente* de mim (sujeito) ou então que se encontra colocado (*positus*) em *outro lugar*; que difere, pois, de mim no espaço e no tempo. Somente no primeiro sentido a posse pode ser considerada como racional; porém no segundo sentido deveria ser chamada de posse empírica. Uma posse *inteligível* (de ser possível) é uma posse *sem ocupação (detentio)*.

II.
Postulado jurídico da razão prática

É possível que eu tenha como meu todo objeto exterior de meu arbítrio. Isto é, que uma máxima segundo a qual, se feita lei, um objeto do arbítrio deveria ser *em si* objetivamente *sem dono (res nullius)*, seria injusta.

Porque um objeto de meu arbítrio é uma coisa que eu tenho *fisicamente* em meu poder para desfrutar. Todavia, se essa coisa não pudesse absolutamente estar *juridicamente* em meu poder, isto é, se o uso dessa coisa fosse incompatível com a liberdade dos demais segundo uma lei geral (se esse uso fosse injusto), a liberdade se privaria por si mesma do uso de seu arbítrio com respeito a um objeto desse arbítrio, declarando fora de todo *uso* possível alguns objetos *úteis*; isto é, que os anularia de certo modo sob o ponto de vista prático e os converteria em *res nullius*, ainda quando o arbítrio no uso das coisas esteja formalmente conforme com a liberdade exterior de todos, segundo leis gerais. Porém, como a razão prática pura não admite em princípio para o arbítrio nada senão leis formais do uso do arbítrio, e faz, por conseguinte, abstração da matéria do arbítrio, isto é, de todas as demais propriedades do objeto, *à condição somente de que seja um objeto do arbítrio*, não pode conter nenhuma proibição absoluta do uso desse objeto porque tal proibição estaria em contradição com a liberdade exterior. Porém, o objeto de meu *arbítrio* é aquele com relação ao qual tenho a faculdade física de fazer um uso arbitrário, aquele cujo uso está em meu poder (*potentia*); o que não se deve confundir com a potência que eu tenha sobre esse mesmo objeto (*in potestatem meam redactum*): este último caso só supõe uma *faculdade*, como também um *ato* do arbítrio. Ora, para *conceber* alguma coisa simplesmente como objeto de meu arbítrio, basta que eu tenha a consciência de tê-la em meu poder. Por conseguinte, para considerar e tratar um objeto de meu arbítrio como objetivamente meu ou teu, faz falta um suposição *a priori* da razão prática.

Este postulado pode ser chamado de lei facultativa (*lex permissiva*) da razão prática, que nos dá o direito que não podemos deduzir das noções de direito em geral somente; a saber, o de impor aos demais uma obrigação que em outro caso não teriam: a de abster-se do uso de certos objetos de nosso arbítrio porque já nos apossamos deles. A razão reclama que este postulado valha como um princípio: na verdade, o reclama como razão prática, estendendo-se *a priori* por esse postulado.

III.
O que afirma que uma coisa é sua deve estar de posse dela

Aquele que quer afirmar que tem uma coisa como sua deve achar-se de posse dela; se não se achou, não poderia ser prejudicado pelo uso que outros fizeram dela sem seu consentimento, porque, se alguma coisa que não está relacionada juridicamente com ele afeta esse objeto, o sujeito não pode dizer-se afetado por isso e nem ser injuriado.

IV.
Exposição da noção do meu e do teu exterior

Os objetos exteriores de meu arbítrio podem ser de três classes: 1. uma *coisa* (corporal) fora de mim; 2. o arbítrio de *outro* para um fato determinado (*proestatio*); 3. o estado de outro em relação a mim; e isto, segundo as categorias de *substância*, de *causalidade* e de *relação* entre os objetos exteriores e eu, segundo leis da liberdade.

Observações:

a) Eu posso afirmar como meu um objeto no *espaço* (uma coisa corporal) *mesmo quando não tenha sua posse física*, sempre que possa afirmar que tenho outra posse real (que, por conseguinte, não será física). Não direi, portanto, que uma maçã é minha porque a tenho em minha mão (possuo-a fisicamente), a não ser quando possa dizer que a possuo ainda que minha mão a haja colocado em algum lugar onde agora se encontra. Da mesma maneira, não posso dizer que o assento que ocupo seja meu por essa única razão, a menos que tenha o direito de afirmar que minha posse continua mesmo quando deixe de ocupar tal assento. De fato, aquele que no primeiro caso (o da posse empírica) desejava arrancar-me das mãos a maçã ou fazer-me abandonar o assento que ocupo, me feriria sem dúvida relativamente ao *meu interior* (a liberdade); entretanto, não me feriria relativamente ao meu exterior, a menos que eu pudesse afirmar que sou possuidor do objeto mesmo sem ocupação; poderia, pois, dizer desses objetos (a maçã e o assento) que não são meus.

b) Não posso chamar de minha a prestação de uma coisa por arbítrio de outro, quando simplesmente posso dizer que essa prestação entrou em minha posse no mesmo *instante* da promessa *(pactum reinitum).* Somente poderei chamá-la de minha sob a condição de poder afirmar que estou de posse do arbítrio de outro (para determinar-lhe essa prestação), mesmo quando o tempo da prestação não haja, todavia, chegado. A promessa do obrigado forma, pois, parte do haver e dos bens (*obligatio activa*) do obrigante; e posso considerá-la como formando parte do meu, não somente quando tenho de minha posse já a coisa *prometida* (como no primeiro caso), mas inclusive quando, contudo, não a possua. Devo, pois, poder considerar-me independente da posse sujeita à condição do tempo, independente portanto da posse empírica, e todavia possuidor do objeto.

c) Assim posso chamar de meus uma *mulher*, uma *criança*, um *criado* e em geral qualquer outra pessoa, sobre quem exerço mando, não porque formam parte de minha casa, ou porque se encontrem sob minhas ordens, sob meu poder e em minha posse, mas também mesmo quando tivessem iludido meu poder, minha força, e por conseguinte já não os possuísse (fisicamente), posso dizer, contudo, que os possuo por minha simples vontade, enquanto e onde quer que existam. Neste caso estou de posse *simplesmente jurídica;* formam parte de meu haver somente enquanto e à medida que posso afirmar deles essa circunstância.

V.
Definição da noção do meu e do teu exterior

A *definição nominal*, isto é, a que basta para *distinguir* o objeto que se quer definir de todos os demais, e que resulta de uma *exposição* completa e determinada da noção seria a seguinte: o meu exterior é a coisa fora de mim cujo uso arbitrário não me pode ser impedido sem lesão (ataque a minha liberdade compatível com a de todos segundo uma lei geral). Porém, a *definição real* dessa noção, isto é, a que basta para sua *dedução* (para o conhecimento da possibilidade do objeto) é a seguinte: o meu exterior é aquele cujo uso não pode ser impedido a mim sem lesão *ainda que não esteja eu em posse dele* (ocupação do objeto). Para poder dizer que um objeto é *meu*, devo possuí-lo de um modo qualquer, porque em outro caso aquele que dispusesse dele contra minha vontade não me atacaria, nem ocasionaria, por conseguinte, prejuízo. Logo, se deve haver um meu e um teu exterior é como consequência de supor a possibilidade de uma *posse inteligível* (*possessio noumenon*), tal como foi explicado no parágrafo IV. A posse física (ocupação) é tão somente uma posse em *fenômeno (possessio phaenomenon)*, ainda quando o objeto que possuo, como sucede na Analítica transcendental, não seja considerado como fenômeno, mas sim como coisa em si: porque na Analítica a razão se ocupava do conhecimento teórico da natureza das coisas e desse conhecimento considerado em toda sua extensão possível; aqui, ao contrário, a razão busca tão somente a determinação prática do arbítrio, segundo leis de *liberdade* sem cuidar se o objeto é conhecido pelos sentidos ou simplesmente pelo entendimento puro. Ora, o *direito* é uma noção do arbítrio da ordem racional prática pura, subordinado a leis de liberdade.

Assim, não se expressaria bem aquele que dissesse que possui um direito em relação a este ou aquele objeto – seria melhor dizer que o possui de uma maneira *puramente prática*; porque o direito já é uma posse inteligível de um objeto e o direito de possuir a posse de um objeto exterior não teria sentido.

VI.
Dedução da noção da posse puramente jurídica de um objeto exterior (*possessio noumenon*)

A questão de como o meu e o teu exterior é possível resolve-se pois nesta outra: como é possível uma posse *puramente jurídica* (*inteligível*)? E esta, por sua vez, resolve-se na seguinte questão: como é possível uma proposição sintética *a priori* relativa ao direito?

Todas as proposições de direito são proposições *a priori* porque são leis da razão (*dictamina rationis*). A proposição de direito *a priori* é *analítica* com respeito à *posse física* porque tão somente diz o que resulta desta última, segundo o princípio de contradição, a saber: que se eu ocupo uma coisa (por conseguinte, estou unido a ela fisicamente), aquele que dispõe dela contra minha vontade (se, por exemplo, me tira das mãos uma maçã) afeta e limita o meu interior (minha liberdade); por conseguinte se põe em contradição com o axioma de direito. A proposição enunciativa de uma posse física, conforme o direito, não excede, pois, o direito de uma pessoa com respeito a si mesma.

Pelo contrário, a proposição que expressa a possibilidade da posse de uma coisa fora de mim, abstração feita de todas as condições da posse física no espaço e no tempo (a suposição da possibilidade de uma *possessio noumenon*) excede essas condições restritivas. E como essa proposição estabelece a necessidade de uma posse sem ocupação para a noção do meu e do teu exterior, ela é sintética e pode servir de tese à razão para mostrar como uma proposição que excede a noção de posse física é possível *a priori*.

Assim, por exemplo, a posse de uma herdade particular é um ato do arbítrio privado sem ser por isso um ato de autoridade privada. O possuidor funda-se na posse comum primitiva da terra e na vontade geral, conforme *a priori* com a posse comum original, de permitir uma *posse particular* dessa herdade (porque, de outro modo, as coisas vagas teriam sido de fato e de direito coisas sem dono), e adquire pela primeira posse original uma herdade determinada, visto que resiste com direito (*jure*) a todo aquele que pretenda se opor ao uso privado que dela queira fazer; resistência que, todavia, não está fundada no direito positivo (*de jure*), visto que se encontra no estado de natureza e que este estado não supõe nenhuma lei pública.

Assim, ainda quando uma herdade deva ser considerada como livre, isto é, como entregue ao uso de todos, ou quando, sem ser livre, é tida como tal, não se pode dizer, todavia, que seja livre por natureza e *originalmente* antes de todo ato jurídico, porque isto estabeleceria uma relação tal com uma coisa, com a herdade, que essa resistiria à posse de todos. Essa liberdade da herdade é para todos uma proibição de usá-la, e para dar-se conta dela, faz falta uma posse comum que não pode ocorrer sem contrato. Agora, uma herdade que só pode ser livre por meio de um contrato deve na realidade pertencer a todos aqueles (reunidos) que reciprocamente se proíbem ou suspendem o uso.

Observação. Esta comunidade *original* da terra e juntamente a de tudo que se refere ao solo (*com-munio fundi originaria*) é uma ideia que tem uma realidade objetiva (juridicamente prática) e deve ser distinguida cuidadosamente da comunidade *primordial (communio primaeva)*, a qual é uma ficção. Semelhante sociedade primordial teria de ser uma sociedade *instituída* e resultar de um contrato em virtude do qual teriam todos renunciado à sua posse particular e cada um teria convertido sua posse privada em posse comum, reunindo-a à dos demais, tendo a História nos informado de tudo isso. Porém, esta maneira de considerar a tomada de posse como primitiva, e de tal modo que a posse particular de cada um tenha podido e devido encontrar nela sua razão, é contraditória.

Não se deve confundi-la com a posse (*possessio*) nem com a tomada de posse da herdade referindo-se a sua aquisição futura, o *lugar que se ocupa* (*sedes*) nem o *estabelecimento,* a fixação de sua residência física (*incollatus*), que é a posse privada e constante de um lugar, posse que depende da presença do sujeito nesse lugar. Não tratamos aqui de um estabelecimento como ato segundo jurídico, o qual pode seguir ou não seguir a tomada de posse; esta não seria efetivamente uma posse original, mas, sim, uma posse com assentimento de outro.

A simples posse física (a ocupação) de uma herdade é já um direito sobre uma coisa; porém, este direito não é ainda suficiente para que eu possa considerar tal herdade como minha. Com respeito a um terceiro, a primeira posse (enquanto conhecida) está, como tal, conforme a lei da liberdade exterior e compreendida, ao mesmo tempo, na posse comum original que contém, *a priori,* a razão da possibilidade de uma posse particular. Há, pois, lesão caso se interrompa o primeiro ocupante de uma herdade no uso que este faz dela. A primeira tomada de posse tem, pois, a seu favor uma razão de direito (*titulus possessionis*), a posse comum original; e o axioma *mais vale possuir* (*beati possidentes*), atentando-se para que ninguém tenha obrigação de provar a legitimidade de sua posse, é um princípio de direito natural que erige a tomada de posse jurídica no princípio de aquisição, no qual pode se basear todo primeiro possuidor.

Num princípio *teórico a priori,* uma intuição que deve servir (segundo foi dito na *Crítica da Razão Pura*) de base a uma noção dada teríamos de *acrescentar* algo à noção da posse do objeto; porém, neste princípio prático não é o que ocorre e devem *ser omitidas* (deve-se fazer abstração) todas as condições da intuição que sirvam de fundamento à posse física, para poder *estender* a noção de posse além da posse física e poder dizer: todo objeto exterior do arbítrio, pelo único fato de estar em meu poder, pode ser considerado juridicamente como meu, ainda quando não esteja em minha posse.

A possibilidade dessa posse, por conseguinte, a dedução de noção de uma posse não física funda-se neste postulado jurídico da razão prática: "É um dever de direito agir com respeito a outro de tal modo que o exterior (o útil) possa chegar a ser Seu". Porém, este postulado é inseparável da exposição da última noção, que funda o seu exterior numa posse *não física*. A possibilidade desta última posse não pode ser demonstrada em si mesma nem ser aprofundada de nenhuma maneira (pelo fato mesmo de ser uma noção racional não suscetível de intuição); porém, é uma consequência imediata do postulado precedente. Porque, se é necessário agir segundo esse princípio de direito, a condição intelectual (de uma posse puramente jurídica) deve também ser possível. Ninguém deve admirar-se, tampouco, de que os princípios *teóricos* do meu e do teu exterior se percam no inteligível e não representem nenhum conhecimento desenvolvido; porque a noção da liberdade, na qual repousam esses princípios, não é suscetível de nenhuma dedução teórica quanto a sua possibilidade e não pode ser deduzida a não ser da lei prática da razão (o imperativo categórico), como de um fato emanado dessa razão.

VII.
Aplicação do princípio da possibilidade do meu e do teu exterior dos objetos da experiência

A noção de uma posse simplesmente jurídica não é uma noção experimental (dependente das condições do tempo e do espaço); e, todavia, tem uma realidade prática, isto é, pode ser aplicada a objetos da experiência, cujo conhecimento é independente dessas condições. A maneira de aplicar a noção de direito a esses objetos da experiência, como o meu e o teu exterior possível, é esta:

A noção de direito, que é puramente racional, não pode ser aplicada *imediatamente* a objetos de experiência, nem à noção de uma *posse* física: porém deve ser aplicada em primeiro lugar à noção intelectual pura de uma *posse* em geral, de modo que induza a olhar, como representação sensível da posse, não a *ocupação (detentio)*, mas, sim, a noção de *ter* ou *haver*, abstração feita de toda condição de espaço e tempo, de modo, em suma, que o objeto seja unicamente considerado como em *meu poder* (*in potestate mea positum esse*). Neste caso, a expressão *exterior* não significa a existência em *outro lugar* que aquele que eu ocupo, nem a determinação de minha vontade e a aceitação em outro tempo, por exemplo, naquele em que se verifica a oferta, mas sim unicamente um objeto *diferente* de mim. Porém a razão prática exige, por sua lei de direito, que eu conceba o meu e o teu na aplicação a objetos, independentemente de toda condição sensível, porque se trata de uma determinação do arbítrio segundo leis de liberdade, visto que somente uma *noção do entendimento* pode ser submetida à do direito. Direi, pois: eu possuo um campo, ainda que não me encontre situado nele. Aqui não se tem em conta mais do que uma relação intelectual com o objeto que tenho em *meu poder* (uma noção intelectual da posse independentemente das condições de espaço); e *é meu* porque posso dispor dele do modo que me agrade sem violar em nada a lei da liberdade exterior. A razão da legitimidade desta noção da posse (*possessio noumenon*), fundamento de uma *legislação* universalmente válida, consiste precisamente no fato de a razão prática exigir absolutamente que, abstração feita da posse fenomenal (a ocupação) desse objeto de meu arbítrio, a posse se conceba segundo uma noção intelectual e não segundo uma noção experimental. Porém, as condições *a priori* da posse física devem estar contidas na noção da posse intelectual. Já se disse que a razão da legitimidade da posse mental é um princípio de legislação universal; de fato, toda uma legislação universal está

contida nestas palavras: "Este objeto exterior é *meu*"; porque todos os outros homens ficam por este fato obrigados a não se servirem desse objeto nem dispor dele; condição a que, em outro caso, não estariam obrigados.

À maneira de ter alguma coisa exterior como minha é, pois, a relação puramente jurídica da vontade do sujeito, com este objeto, independentemente das relações da pessoa com a coisa no espaço e no tempo, segundo a noção de uma posse inteligível. Um lugar na terra, não se diz, portanto, uma coisa exterior minha pela razão que eu o ocupo com meu corpo (porque nisto se trataria somente de minha *liberdade* interior, por conseguinte da posse de mim mesmo, que não sou coisa exterior a mim; não seria, assim, mais que questão de um direito interno); porém, se continuo possuindo, mesmo quando me distancie dele e me encontre em outro lugar, só então é questão de meu direito exterior e aquele que queira exigir minha presença constante naquele lugar como condição de tê-lo por meu, teria de sustentar que não é possível possuir uma coisa exterior como sua (o que é contrário ao postulado II); ou exigiria de mim, para cumprir a condição imposta, que ocupasse dois lugares simultaneamente; o que quer dizer, em outros termos, que eu devo estar e não estar ao mesmo tempo num mesmo lugar, o que é contraditório.

O que acabamos de dizer deve ser aplicado também ao caso em que me tenham feito uma promessa; porque meu direito e minha posse, que resultam de uma promessa, não podem desaparecer porque aquele que promete diga uma vez: esta coisa deve pertencer a ti, e que em outra ocasião, referindo-se à mesma coisa, diga: não quero que pertença a ti; porque a aquisição ocorreu em tais circunstâncias intelectuais que é como se aquele que promete tivesse dito sem intervalo de tempo entre as duas declarações: quero que esta coisa pertença a ti, quero que não pertença a ti, o que é contraditório.

O mesmo deve ser dito da noção da posse jurídica de uma pessoa, enquanto pode formar parte dos bens de alguém (por exemplo, a posse de uma mulher, de uma criança, de um criado). Isto é, que esta comunidade doméstica, e a posse mútua do estado de todos os membros que a compõem, não desaparece pela faculdade de *localmente* se separarem uns dos outros, porque os une um laço de *direito*, e porque o meu e o teu exterior, neste caso como nos precedentes, se funda unicamente na suposição da possibilidade de uma posse racional sem ocupação.

Observação: Quanto à crítica da razão juridicamente prática na noção do meu e do teu exterior, essa razão é requerida por uma antinomia das proposições relativas à possibilidade de uma posse de direito ou *a priori*. Isto é, só existe uma dialética inevitável, na qual a tese e a antítese pretendem igualmente a validade de duas condições diametralmente opostas, o que obriga a razão a estabelecer em seu próprio uso prático (com respeito ao direito) uma diferença entre a posse fenomenal e a posse puramente intelectual.

Tese: é possível ter como sua uma coisa exterior, sem estar de posse desta.

Antítese: não é possível ter como sua uma coisa exterior, a menos que se esteja de posse dela.

Solução: As duas proposições são verdadeiras: a primeira, quando se trata de uma posse física (*possessio phaenomenon*); a segunda, caso se trate da posse inteligível pura (*possessio noumenon*). Porém, a possibilidade de uma posse inteligível, por conseguinte a do meu e o teu exterior, não pode ser aprofundada; deve resultar do postulado da razão prática, em relação ao qual ainda se deve observar em particular: que, sem o auxílio das intuições, mesmo de uma intuição *a priori*, a razão prática pode, pela simples omissão das condições empíricas (omissão permitida pela lei da liberdade), criar *a priori* os princípios de direito mais *latos* e por conseguinte *sintéticos*, cuja prova (segundo veremos logo) pode ser feita depois analiticamente sob a razão prática.

VIII.
NÃO É POSSÍVEL TER COMO SUA UMA COISA EXTERIOR EXCETO NUM ESTADO JURÍDICO, SOB UM PODER LEGISLATIVO PÚBLICO, ISTO É, NO ESTADO DE SOCIEDADE

Quando declaro (de palavra ou de fato) que uma coisa exterior seja minha, advirto *ipso facto* a todos que devem respeitar o objeto de meu arbítrio – obrigação que ninguém teria sem este ato jurídico de minha parte. Porém, essa pretensão implica ao mesmo tempo reconhecimento da obrigação em que reciprocamente me encontro de me abster da coisa exterior dos demais; porque esta obrigação resulta de uma regra geral da relação jurídica exterior. Não tenho, pois, obrigação de respeitar o seu jurídico exterior de outro se não tiver garantia suficiente de que ele se absterá igualmente e pelo mesmo princípio de tocar no que me pertence. Porém, esta garantia não necessita de nenhum ato de direito particular, estando já compreendida na noção de uma obrigação jurídica, exterior, à causa da universalidade e, por conseguinte, também da reciprocidade da obrigação em virtude de uma regra geral. Ora, a vontade de um só indivíduo, em relação a uma posse exterior, e por conseguinte contingente, não pode ser uma lei obrigatória para todos, porque se chocaria com a liberdade determinada segundo leis gerais. A única vontade capaz de obrigar a todos é, portanto, a que pode dar garantias a todos, a vontade coletiva geral (comum), a vontade onipotente de todos. Contudo, o estado do homem sob uma legislação geral exterior (isto é, pública) com um poder executivo das leis é o

estado social. O meu e o teu exterior não pode, pois, ocorrer senão nesse estado.

Consequência: Se é juridicamente possível ter como sua uma coisa exterior, a todo indivíduo deve também estar facultado *obrigar* todos aqueles com quem pudesse ter questões sobre o meu e o teu de um objeto qualquer, a entrar com ele num estado de sociedade.

IX.
Pode ocorrer, não obstante, um meu e teu exterior, porém somente provisório no estado de natureza

O direito natural no estado de uma constituição civil (isto é, o que *pode* ser derivado dos princípios *a priori* em favor dessa constituição) não pode sofrer ataque por parte das leis positivas; e deste modo conserva toda a sua força ao princípio jurídico que exprime: "Lesa-me qualquer um que aja conforme uma máxima segundo a qual é impossível ter como meu um objeto de meu arbítrio"; porque uma constituição civil é tão somente o estado de direito que assegura a cada um o seu; mas sem que esse estado o constitua nem o determine, propriamente falando. Toda garantia supõe, pois, já o seu de cada um (de todos aqueles a quem foi dada garantia). Por conseguinte, antes da constituição civil (ou *abstração feita* dessa constituição), deve ser contemplado como possível um meu e teu exterior, como também o direito de obrigar a todos aqueles com quem podemos ter questão, de qualquer maneira que seja, a formar conosco uma constituição que possa assegurar o meu e o teu. Uma posse futura e a preparação de semelhante estado, que só pode ser fundada numa lei da vontade geral e que, por conseguinte, esteja conforme à *possibilidade* dessa vontade, é uma posse *provisoriamente jurídica*. Ao contrário, a

que ocorre sob uma constituição *real* é uma posse peremptória. Antes de entrar nesse estado, um indivíduo que se encontre disposto a ele se opõe com direito àqueles que não querem se associar a ele e tratam de interrompê-lo em sua posse provisória: a vontade de todos, menos a sua, tratando de impor-lhe a obrigação de desistir de uma posse, não é nunca senão a vontade de *uma só parte* e não tem, por conseguinte, mais força legal (força que ocorre somente na vontade geral) para resistir a entrar em sociedade civil que a sua, individual, para fazê-los entrar. Há, todavia, uma diferença que é o que tem a seu favor o estado conforme a natureza com respeito ao estabelecimento de um estado civil. Numa palavra, a maneira de ter como sua uma coisa exterior no *estado de natureza* é uma posse física que tem a seu favor a *presunção* jurídica de poder chegar a ser legal pela conformidade da vontade do possuidor à dos demais numa legislação pública, e vale provisoriamente *como* uma posse jurídica.

Observação: Esta prerrogativa do direito que resulta do fato da posse física segundo a fórmula *mais vale possuir (beati possidentes)* não consiste em que essa posse, por ter a seu favor a persuasão de um *homem de lei,* esteja dispensada de estabelecer seu caráter jurídico (o que se admite apenas em direito estrito); mas, sim, consiste em que, segundo o postulado da razão prática, qualquer um tem a faculdade de ter como seu um objeto exterior de seu arbítrio. Toda ocupação é, pois, um estado cuja legitimidade se funda nesse postulado por um ato de uma vontade antecedente; e a posse que não é contrária a nenhuma posse mais antiga, sendo por conseguinte provisória, segundo a lei da liberdade exterior, autoriza para proibir todo aquele que não queira entrar comigo no estado de uma liberdade publicamente legal, toda pretensão ao uso de um objeto, a fim de poder gozar dele como a razão requer; do contrário, esta coisa ficaria praticamente anulada.

Capítulo II

Da maneira de adquirir uma coisa exterior

X.
Princípio geral da aquisição exterior

Eu adquiro uma coisa quando faço de maneira (*efficio*) que alguma coisa exterior passe a ser *minha*. É minha originariamente a coisa exterior que me pertence sem ato jurídico. Porém uma aquisição primitiva é a que não é derivada do seu de outro.

Não há nada exterior que seja originariamente meu; porém posso adquiri-lo originalmente, isto é, sem derivação do Seu de outro, seja quem for. O estado de comunidade do meu e do teu *(communio)* nunca pode ser concebido como original, e sim adquirido por um ato de direito exterior, ainda quando a posse de um objeto exterior possa ser original e comum. Assim, quando se pensa (à maneira de problema) na sociedade *original (communio mei et tui originaria)* deve-se ter o cuidado de distingui-la de uma sociedade *primordial (communio primaeva)*, a qual teria de ser considerada como instituída entre os homens nos primeiros tempos de suas relações jurídicas, e que não pode, por ser primeira, fundar-se em princípios, mas, sim, unicamente na História: em todo caso esta última comunidade deveria ser considerada como adquirida e derivada (*communio derivativa)*.

O princípio da aquisição exterior é concebido, pois, desta maneira: é meu o que eu submeto ao meu *poder* (segundo a lei da *liberdade* exterior), do que tenho a faculdade de usar como objeto de meu arbítrio (segundo o postulado da razão prática); é meu, enfim, o que eu *quero* (conforme a ideia de uma *vontade* coletiva possível) que o seja.

Os momentos (*attendenda*) da aquisição *original* são pois: 1. a *apreensão* de um objeto que não pertence a ninguém; de outro modo seria contrária à liberdade de outro regulada por leis gerais. Essa *apreensão* é a tomada de posse do objeto do arbítrio no espaço e no tempo, a posse atual (*possessio phaenomenon*); 2. a *declaração* da posse desse objeto e do ato do meu arbítrio que se direciona para subtrair aos demais o objeto possuído por mim; 3. a apropriação como ato de uma vontade exterior (em ideia) que legisla universalmente e pela qual todos têm obrigação de se conformar com meu arbítrio. A validade desse último momento da aquisição, como base desta conclusão: o objeto exterior é meu, isto é, a legitimidade da posse como *simplesmente jurídica (possessio noumenon)* se funda no fato de todos esses atos, como *jurídicos*, emanarem da razão prática. Esta legitimidade consiste assim em que na questão *quid juris* se pode fazer abstração de todas as condições físicas da posse; e então a proposição definitiva ou conclusão: o objeto exterior é meu, passa legitimamente da posse sensível à posse inteligível.

A aquisição primitiva de um objeto exterior do arbítrio é chamada de *ocupação* e pode ocorrer tão somente nas coisas corporais *(substâncias)*. Agora, para que haja aquisição primitiva, se necessita, como condição da posse física, prioridade de tempo sobre qualquer outro que quisesse apropriar-se de uma coisa (*qui prior tempore potior jure*). Como aquisição primitiva, trata-se apenas, no entanto, da consequência de um arbítrio individual ou unilateral porque se entraram duas partes contratantes, resultaria de um contrato entre duas (ou várias) pessoas e, por conseguinte, seria derivado do seu de outro. Porém, não é fácil ver como semelhante ato do arbítrio pode servir de fundamento ao seu de cada um. Todavia, a *primeira* aquisição não por isto é a aquisição *original*. De fato, a aquisição de um estado de direito público, pela reunião da vontade de todos para produzir uma legislação geral, seria uma aquisição tal que não deveria ser precedida de nenhuma outra e que, todavia, derivaria da vontade particular de cada um; seria, pois, a obra de *todas as partes*, sendo que uma aquisição primitiva só pode resultar de uma vontade única.

Divisão da aquisição do meu e teu exterior

1. Quanto à *matéria* (ao objeto) adquiro uma *coisa* corporal (substância), ou a *prestação* de outra pessoa, ou esta própria pessoa, isto é, seu estado, enquanto adquiro o direito de dispor desse estado por relações ativas com ela.

2. Quanto à *forma* (modo de aquisição) é um *direito real (jus reale)* ou um *direito pessoal (jus personale)*, ou um direito *misto,* isto é, *real pessoal (realiter personale)* da posse (ainda que não do uso) de outra pessoa, como de uma coisa.

3. Quanto ao *título (titulus)* da aquisição, este não constitui propriamente um membro especial da divisão dos direitos; mas, sim, um momento da maneira de exercê-los; porque uma coisa é adquirida pelo ato de um arbítrio *particular* ou pelo ato de *dois* ou de *todos* os arbítrios (*facto, pacto, lege*).

Seção I
DO DIREITO REAL

XI.
Que é um direito real?

A definição ordinária do *direito a uma coisa (jus reale, jus in re)* – "é o direito *contra todo possuidor dessa coisa*" – é uma boa definição de nome. Porém, em que consiste, com relação a um objeto, poder dirigir-me a qualquer um que o possua e obrigá-lo (*per vindicationem*) a me recolocar em posse? Esta relação jurídica exterior de meu arbítrio é de algum modo uma relação direta a uma coisa corporal? Seria preciso neste caso que o que crê que seu direito se refere, não imediatamente às pessoas, mas, sim, às coisas, se representasse sem dúvida (ainda que obscuramente) e isto pela razão de que a todo direito corresponde um dever, que a coisa exterior, mesmo quando tenha saído das mãos de seu primeiro possuidor, a mantém sempre *obrigada* a ele, isto é, resiste a qualquer outro que pretenda possuí-la pela razão de que já está obrigada ao primeiro e que portanto meu direito, semelhante a um gênio inseparável da coisa, e que a preserva de todo ataque exterior, me indique sempre o possuidor intruso. É pois absurdo supor a obrigação de uma pessoa em relação a uma coisa e reciprocamente, mesmo que seja muito admissível tornar sensível uma relação jurídica mediante essa imagem.

A definição de coisa deveria, pois, ser redigida assim: *o direito a uma coisa* é o direito do uso privado de uma coisa, relativamente à qual estou em comunidade de posse (primitiva ou subsequente) com os demais homens. Esta posse comum é efetivamente a única condição para que eu possa proibir a qualquer outro possuidor o uso privado da coisa (*jus contra quemlibet hujus rei possessorem*); se não se supõe essa posse é impossível conceber como eu, não me encontrando atualmente de posse da coisa, possa ser prejudicado por aqueles que a possuem e se servem dela. Meu arbítrio individual ou unilateral não poderia obrigar a outro privar-se do uso de uma coisa, se por outra parte não tivesse essa obrigação. Só pode, pois, ser obrigado por arbítrios reunidos numa posse comum. Se assim não fosse, haveria necessidade de conceber um direito em uma coisa, como se ela tivesse uma obrigação com respeito a mim, da qual, em última análise, derivaria o direito contra todo possuidor dessa coisa – concepção verdadeiramente absurda.

Pela expressão direito real (*jus reale*) não se deve entender simplesmente o direito a uma coisa (*jus in re*), mas, sim, também o *conjunto* de todas as leis que se referem ao meu e teu real. Está claro, todavia, que um homem que existisse completamente só sobre a Terra não poderia propriamente ter nem adquirir nada exterior como seu porque entre ele como pessoa e todas as outras coisas exteriores como coisas, não caberia a menor relação de obrigação. Não há, pois, propriamente falando, nenhum direito (*directo*) a uma coisa; porém, chama-se assim ao que corresponde a um com relação a uma pessoa que está em comunidade de posse (em estado de sociedade) com todas as demais.

XII.
A primeira aquisição de uma coisa só pode ser a da herdade

A herdade – (e por esta palavra deve se entender qualquer porção de terra habitável) é, com respeito àquele que sobre ela se move, como uma *substância*; e o que se move em sua superfície é como um *modo*. Da mesma maneira, pois, que em teoria os acidentes não podem existir sem a substância, na prática o objeto móvel, que se encontra sobre uma herdade, não pode ser seu de alguém, se previamente essa herdade não estiver em sua posse jurídica, se não é sua.

De fato, supondo-se que a herdade não pertença a ninguém, eu poderia separar todo objeto móvel que se encontra sobre ela para eu ocupar seu lugar; e isto até que o objeto se perdesse, e sem que a liberdade de outro, que não é possuidor desse lugar, sofresse o menor ataque. Ora, tudo que pode ser arrancado, derrubado, destruído, uma árvore, uma casa etc. é móvel (ao menos, quanto à matéria); e se uma coisa não pode ser movida sem sofrer destruição quanto à forma é chamada de *imóvel*. O meu e teu se entenderá, pois, com relação a uma coisa, não da substância, mas, sim, de suas dependências, que não são a própria coisa.

XIII.
Uma herdade qualquer é suscetível de uma aquisição primitiva, e o princípio da possibilidade dessa aquisição é a comunidade original de toda herdade em geral

A primeira dessas proposições se funda no postulado da razão prática (II); a segunda é a prova seguinte:

Todos os homens estão originalmente (isto é, antes de todo ato jurídico do arbítrio) de posse legítima da terra, isto é, têm o direito de continuar onde foram colocados pela natureza ou pela casualidade (sem sua vontade). A posse *(possessio)* que é diferente da *ocupação pela presença corporal (sedes)*, como de uma posse arbitrária, por conseguinte adquirida, e que deve ser *permanente*, é uma posse comum, em função da unidade de todos os lugares, na superfície da Terra, como superfície esférica.

Numa planície infinita os homens poderiam se dispersar em termos que lhes fosse possível formar entre si uma sociedade, caso em que a sociedade não seria uma consequência necessária de sua existência sobre a Terra. A posse de todos os homens sobre a Terra, anterior a todo ato de direito por sua parte (estabelecida como está pela própria natureza), é uma *posse comum primitiva (communio possessionis originaria)*, cuja noção não é experimental nem está submetida a condições de tempo, como o seria a noção fictícia e indemonstrável de uma *posse comum primeira (communio primaeva)*. E, ao contrário, uma noção racional de ordem prática, que contém o princípio *a priori*, segundo o qual só os homens podem juridicamente se apropriar de um lugar na Terra.

XIV.
O ato jurídico dessa aquisição é a ocupação

A tomada de posse *(apprehensio)* como começo da ocupação de uma coisa corporal no espaço (*possessionis physicae*) não se harmoniza com a lei da liberdade exterior dos demais (por conseguinte, *a priori*) a não ser sob a condição da *prioridade*, com relação ao tempo; isto é, tão só como primeira tomada de posse *(prior apprehensio)*, que é um ato do arbítrio. Mas a vontade que uma coisa (por conseguinte também um lugar determinado e circunscrito sobre a Terra) seja minha, isto é, a apropriação *(approbatio)* somente pode ser individual ou unilateral *(voluntas unilateralis seu propria)* numa aquisição primitiva. A aquisição de um objeto exterior do arbítrio por uma vontade única, individual, é a ocupação. A aquisição primitiva desse objeto, o mesmo por conseguinte de um fundo determinado, não pode, pois, se verificar a não ser por meio da ocupação *(occupatio).*

A possibilidade de adquirir dessa maneira não se vislumbra, nem é suscetível de qualquer demonstração; é unicamente uma consequência imediata do postulado da razão prática. Todavia, a vontade individual não pode justificar uma aquisição exterior exceto enquanto estiver compreendida numa vontade coletiva *a priori* e que tenha autoridade absoluta, isto é, numa vontade que resulte da reunião do arbítrio de todos aqueles que possam ter entre si algumas relações práticas; porque a vontade individual (entendendo por estas palavras a vontade de outro *indivíduo* conforme com o primeiro, o que tão somente significa duas vontades *particulares*) não pode impor a todos uma obrigação, que é de seu contingente, faz falta para isso uma vontade, uma intenção *unilateral* não contingente, e também *a priori*, necessariamente comum ou conjunta, e por isso mesmo legisladora. De fato, somente segundo este princípio pode haver conformidade do livre-arbítrio de cada indivíduo com a vontade de todos; por conseguinte, é possível um direito geral, e também por último o teu e meu exterior.

XV.
Só existe aquisição peremptória no estado social: a aquisição no estado de natureza é somente provisória

O estado social, ainda que contingente na realidade, isto é, subjetivamente contingente, é, todavia, objetivamente necessário em si, isto é, como dever. Existe, pois, com relação a ele e sua instituição, uma verdadeira lei natural de direito, à qual está submetida toda aquisição exterior.

O *título físico da aquisição* tem sido a tomada de posse física *(apprehensio physica)* fundada na comunidade primitiva da terra, e como somente uma posse *fenomenal* pode ser submetida à posse racional do direito, a esse título físico deve corresponder o de uma tomada de posse intelectual, abstração feita de todas as condições experimentais, no espaço e no tempo; e essa tomada de posse intelectual serve de fundamento a esta proposição-princípio: "O que submeto ao meu poder segundo leis da liberdade exterior, e quero que seja meu, passa a sê-lo efetivamente".

Porém, o *título racional* da aquisição somente pode ser encontrado na Ideia da vontade universal conjunta *a priori* (isto é, que deveria ser necessariamente conjunta ou unânime); Ideia que se supõe aqui tacitamente como condição indispensável (*conditio sine qua non*): porque uma vontade individual não pode impor aos demais uma obrigação que sem ela não teriam. Ora, o estado de uma vontade universal, realmente harmônica, ou conjunta em seus elementos para legislar, é o estado social. Somente, pois, como consequência da Ideia de um estado social, isto é, em consideração a este estado e sua ação, porém antes de sua realidade (porque, em outro caso, a aquisição seria derivada) pode uma coisa exterior ser adquirida primitivamente, e por conseguinte de uma maneira completamente *provisória*. A aquisição *peremptória* só tem lugar no estado social.

Contudo, essa aquisição provisória é uma verdadeira aquisição; porque, segundo o postulado da razão juridicamente prática, sua possibilidade, seja qual for o estado dos homens entre si (portanto também no estado de natureza), é um princípio do direito privado, segundo o qual todos estão autorizados a obrigar em caso de necessidade, a fim de que cesse o estado de natureza e comece o estado social, o único que pode tornar a aquisição peremptória.

Observação. Convém perguntar agora: até onde chega a faculdade de tomar posse de uma herdade? Até onde chegue a de conservá-la em seu poder, isto é, até onde possa defendê-la aquele que dela deseja apropriar-se. E como se a herdade dissesse: se não podes defender-me, tampouco podes dispor de mim. A questão do mar *livre* ou *apropriado* deveria, pois, ser resolvida segundo o mesmo princípio. Por exemplo, ninguém pode pescar ou recolher âmbar no fundo do mar etc. nas costas de um país que forme já parte de um Estado, em toda a extensão a que cheguem os canhões de uso bélico de maior alcance. Além disso, é necessário para adquirir uma herdade ter executado trabalhos em sua superfície (construções, cultivo, saneamento etc.)? Não. Porque estas formas (especificação), sendo somente acidentes, não constituem nenhum objeto de uma posse imediata e somente podem pertencer a seu autor no caso de a herdade ou a substância lhe corresponder anteriormente. O cultivo, tratando-se da aquisição primeira, não passa de um signo exterior da tomada de posse, signo que pode ser substituído por outros muito menos custosos.

Além disso, é possível se opor ao *ato* mediante o qual uma pessoa toma posse de maneira que nenhum dos dois (o que toma posse e o que se opõe) desfrute do direito de prioridade, e ficando, portanto, a herdade livre, sem pertencer a nenhum dos dois pretendentes? Esta oposição não pode ser admitida *absolutamente* porque o opositor, para levar a cabo o seu desígnio, deve também ocupar uma herdade imediata, ao que, por conseguinte, se lhe pode também se suscitar oposição; uma oposição *absoluta* de sua parte seria, pois, uma contradição. Porém, a oposição pode ser relativa, por exemplo, se se tratasse de uma certa herdade (encravada, intermediária) e se quisesse deixá-la sem cultivo, como terreno *neutro*, que serve para a separação dos dois vizinhos, a oposição poderia ser conciliada com o direito de ocupação. Porém, neste caso a herdade intermediária é na realidade comum aos dois vizinhos e não carece de dono (*res nullius*), visto que está *destinada* por ambos a servir-lhes de limite.

E mais ainda, pode-se ter como sua uma coisa sobre um terreno do qual nenhuma parte pertence a ninguém? Sim, como na Mongólia, onde qualquer um pode deixar na Terra os móveis que possui, ou deixar correr o cavalo que escapou, bastando o cuidado de recobrar a posse como de coisas suas, porque todo o território é do povo, e o uso do solo de todos. Todavia, disto não se deduz que alguém possa ter como sua uma coisa móvel sobre o terreno de outro, o que pode ser realizado, porém, por meio de *contrato*.

Cabe ainda perguntar se dois povos (ou duas famílias) podem proscrever certa espécie de uso de uma herdade, por exemplo, os povos de caçadores a um povo de pastores, ou a povos de agricultores, ou estes aos plantadores etc. Sem disputa; porque a maneira como queiram viver *entre si*, sobre um território, enquanto não saiam de seus limites, é assunto completamente discricional (*res merae facultatis*).

Cabe por último perguntar: se, quando nem a natureza nem o acaso, mas tão somente a nossa vontade, nos coloca próximos de um povo, com o qual nenhuma consideração nos obriga a uma união civil, temos o direito, para constituir esses povos e dar a esses homens (selvagens) um estado jurídico (como, por exemplo, os selvagens da América, os hotentotes, os habitantes da Nova Holanda), de empregar, em todos os casos, a força ou (o que talvez valha mais) recorrer a uma compra fictícia, para fundar colônias e nos apropriarmos dessa maneira de seu território, fazendo uso de nossa superioridade, sem ter em conta sua posse primitiva. Não parece que este direito resulta da própria natureza (como se tivesse horror ao vazio) e da consideração de que se teria faltado ao fim da criação deixando para sempre inabitadas para homens civilizados imensas extensões de terras em outras partes do mundo, hoje já povoadas em consequência de uma usurpação? Porém, é fácil penetrar através deste véu da injustiça (jesuitismo) o emprego de todos os meios para um bom fim; deve-se, pois, reprovar esta maneira de adquirir um terreno.

A indeterminabilidade, tanto a respeito da quantidade como da qualidade de um objeto exterior suscetível de aquisição, torna sumamente difícil o problema da aquisição primitiva exterior. E, todavia, é necessário que tenha havido uma aquisição primitiva do exterior, porque toda aquisição não pode ser derivada. Não é possível, pois, abandonar esta questão como insolúvel e impossível em si. Porém, mesmo quando recebesse uma solução pelo contrato primitivo, a aquisição nunca seria mais que provisória, se esse contrato não fosse extensivo a todo o gênero humano.

XVI.
Exposição da noção de uma aquisição primitiva do terreno

Todos os homens estão originariamente de *posse comum* de toda a terra (*communio fundi originaria*), com a *vontade* que deve ser natural a todos de recolher os frutos dessa herdade comum (*lex justi*). Porém, esta vontade, por causa da oposição natural inevitável do arbítrio de um em relação ao arbítrio de outro, tenderia a privar todos do uso de sua herdade se não contivesse, ao mesmo tempo, uma lei reguladora desse uso, segundo a qual se pode atribuir a cada pessoa uma *posse particular* sobre a herdade comum (*lex juridica*).

Entretanto, a lei distributiva do meu e do teu de cada um na herdade comum, segundo o axioma da liberdade exterior, só pode resultar de uma vontade que se conveio *primitiva-*

mente e *a priori* (vontade que não supõe para essa convenção nenhum ato jurídico); por conseguinte, não pode ocorrer a não ser no estado civil (*lex justitiae distributivae*), o que determina somente o que é *direito*, o que é *jurídico*, e o que é *de direito*. Porém, neste estado de sociedade, isto é, antes da constituição civil e, contudo, em consideração a essa própria constituição, isto é, *provisoriamente*, é um *dever* em cada um conduzir-se segundo a lei da aquisição exterior, e por conseguinte, também, obrigar à *faculdade* jurídica da vontade de cada um reconhecer o ato da tomada de posse e da apropriação, ainda que esse ato seja tão somente unilateral, individual ou particular. É, pois, possível uma aquisição provisória da herdade com todas as suas consequências jurídicas.

Semelhante aquisição necessita, todavia, e não carece de um *favor* da lei (*lex permissiva*) com respeito à determinação dos limites da posse jurídica possível absolutamente. Porém, como esta aquisição precede ao estado jurídico, servindo para conduzir a ele, e não é contudo peremptória, esse favor da lei não é mais que o assentimento dos *demais* coparticipantes na formação do estado social. Todavia, se há resistência da parte deles para entrar nesse estado, e enquanto esta resistência dura, a aquisição não é menos legítima porque a passagem do estado de natureza ao estado social está fundada no dever.

XVII.
Dedução da noção da aquisição primitiva

Encontramos o *título* da aquisição numa comunidade primitiva da terra, por conseguinte sob condições de espaço de uma posse exterior. Porém encontramos o *modo de aquisição* nas condições físicas da tomada de posse (*apprehensio*) junto da intenção de ter como seu o objeto exterior. Agora se trata de explicar ainda, pelos princípios da razão pura juridicamente prática, a própria aquisição, isto é, o meu e o teu exterior, que resulta das duas condições, dadas, isto é, a posse inteligível (*possessio noumenon*) do objeto segundo o que se encerra em sua noção.

A *noção de direito* com respeito ao meu e o teu *exterior*, como *substância*, não pode significar pelas palavras *fora de mim*, um *lugar* diferente do que eu ocupo; porque é uma noção racional. E como somente se pode submeter a esta noção uma noção pura do entendimento, repito, a palavra substância, tomada no sentido precedente, não pode significar uma coisa simplesmente diferente de mim, e a noção de uma posse não física (da apreensão de certo modo permanente), mas, sim, somente a noção do fato de *ter em meu poder* (a união de uma coisa comigo como condição subjetiva da possibilidade do uso) um objeto exterior; noção que é um conceito puro do entendimento. Porém, a omissão ou a abstração dessas condições sensíveis da posse, como de uma relação da pessoa aos *objetos*, que não têm nenhuma obrigação, é tão somente a relação de uma pessoa com *outras pessoas*, para obrigar todas estas pela vontade da primeira, se, por outro lado, esta vontade está conforme o axioma da liberdade exterior, com o *postulado* da faculdade e da *legislação* universal da vontade coletiva concebida *a priori* como reunida em uma só. O que não é, como se vê, mais do que a posse puramente *inteligível* da coisa, isto é, em virtude do direito somente, mesmo quando o objeto (a coisa que possuo) seja um objeto sensível.

Observação. É evidente que o primeiro cultivo, a primeira demarcação, ou em geral a primeira *forma dada* a um terreno não pode servir de título para a aquisição desse terreno; isto é, a posse do acessório não é uma razão da posse jurídica da substância; pelo contrário, deveria resultar melhor o meu e o teu, segundo a regra (*accessorium sequitur suum princi-*

pale) da propriedade da substância. Não é menos evidente que aquele que cultiva um terreno, que antes deste trabalho não era seu, perdeu sua tarefa e seu trabalho em proveito do possuidor precedente. Está claro também que não se pode atribuir uma opinião tão antiga, e todavia tão ampla, senão à ilusão tenebrosa e grosseira que consiste em personificar as coisas e imaginar, como se alguém pudesse obrigá-las por meio de um trabalho exercido sobre elas a não servirem para outro, que se tem *imediatamente* um direito sobre elas; porque, de outro modo, indubitavelmente não se teria passado tão ligeiramente sobre a questão muito natural anteriormente suscitada. Como é possível um direito sobre uma coisa? Realmente, o direito contra todo possuidor de uma coisa significa tão somente a faculdade legal do arbítrio particular de servir-se de um objeto, enquanto esse arbítrio possa estar compreendido na vontade sinteticamente universal e se conforme à lei desta vontade.

Com respeito aos corpos postos sobre um terreno que me pertence, são *meus*, a menos que pertençam a outro; e isto sem necessidade de minha parte, em relação a isso, de um ato jurídico particular (*non facto, sed lege*); porque podendo estes objetos serem considerados como acidentes inerentes à substância (*jure rei meae*), à qual pertence tudo que dessa maneira vá unido a minha coisa, ninguém pode separá-los sem alterar essa própria coisa (por exemplo, o dourado, a mistura de uma matéria que me pertence com matérias que pertencem a outro, os aluviões e ainda a alteração do leito de um rio próximo e a consequente extensão de minha herdade etc.). Pelos mesmos princípios deve-se decidir se uma herdade suscetível de aquisição se deve estender além da terra firme, sobre o mar, por exemplo, o direito de pescar, ou de recolher âmbar etc. no limite de minha herdade. Minha posse se estende e o mar é considerado demarcado com balizas (*mare clausum*) até onde posso alcançar mecanicamente, a partir do *ponto* que ocupo para defender minha herdade contra toda pretensão estranha (por exemplo, até onde alcançam os canhões de guerra de maior calibre). Entretanto, como não há *posição* ou domicílio possível em alto-mar, a posse não deve estender-se até ali e o mar é livre (*mare liberum*). Porém, os objetos que *vão a pique* na costa, homens ou coisas que lhes pertençam, como o naufrágio, foi independente de sua vontade, não podem pertencer ao proprietário do *litoral*; não há lesão, com efeito (nem mesmo de fato em geral), e a coisa que acabou na costa, que pertence a alguém, não pode ser considerada uma coisa sem dono (*res nullius*). Pelo contrário, um rio pode, como todo terreno não coberto pelas águas, ser adquirido primitivamente pelos dois proprietários ribeirinhos, em toda a extensão alcançada pelo posse do limite.

O objeto exterior, que é o seu de alguma pessoa quanto à substância, é a *propriedade (dominium)* do que possui todos os direitos sobre esta coisa (como acidentes da substância), e da qual por conseguinte o proprietário (*dominus*) pode dispor como lhe agrade (*jus disponendi de re sua*). Do que se deduz naturalmente que este objeto não pode ser mais do que uma coisa corporal (com respeito ao qual não há obrigação). Um homem pode, pois, estar em poder de si mesmo (*sui juris*); porém não ser proprietário de si mesmo (*sui dominus*) e menos ainda de seus semelhantes. Não pode, pois, dispor de si mesmo a seu talante, porque é responsável pela humanidade em sua própria pessoa. Embora este ponto, que corresponde ao direito da humanidade e não ao do homens, não tenha aqui seu lugar natural, poderia contudo, como de passagem, dizer uma palavra, para entender melhor o que já foi dito antes brevemente. Pode haver, além disso, dois proprietários de uma só e mesma coisa, sem que o meu e o teu lhes seja comum, a não ser tão somente como possuidores *pro indiviso* do que a *um só* corresponde como *seu*, quando a um destes dois coproprietários (*condomini*) corresponde exclusivamente a posse total sem uso, e ao outro todo o uso sem a posse: por conseguinte, o primeiro (*dominus directus*) impõe ao segundo (*dominus utilis*) a única condição de uma prestação constante sem limitar-lhe o uso.

Seção II
DO DIREITO PESSOAL

XVIII.
Que é um direito pessoal?

A posse do arbítrio de outra pessoa como faculdade de determiná-la pelo meu a um certo ato, segundo leis de liberdade (o meu e o teu exterior com relação à causalidade de outro), é *um* direito (e como este posso ter vários, seja com respeito a uma mesma pessoa, seja com respeito a várias). E o conjunto (o sistema) das leis, segundo as quais posso ter essa posse, é o direito pessoal, o qual é essencialmente uno.

A aquisição de um direito pessoal nunca pode ser primitiva e pessoal; de outro modo seria contrário ao princípio da conformidade de minha vontade com a liberdade dos demais, e por conseguinte seria injusta. Tampouco posso adquirir por meio de um fato *injusto* por parte de outro (*facto injusto alterius*); porque se esta lesão foi produzida contra mim mesmo, e posso, com direito, exigir reparação, tenho certamente o direito de conservar intacto o que me pertence; porém, adquiro tão somente o que antes tinha.

A aquisição por um ato de outro, ato que determino segundo leis de direito, emana, pois, sempre do seu de outro; e esta derivação, como ato jurídico, não pode ocorrer por um fato *negativo*, isto é, por um ato de *omissão,* de abandono, ou por um ato de *renúncia* em relação à coisa (*per derelictionem aut renunciationem*); porque desta maneira, o seu do que abandona ou renuncia deixa de ser seu, sem passar por isto a ser meu. Não há, portanto, aquisição possível desta natureza a não ser pela *translação (translatio)*, que só pode ocorrer por uma vontade comum, por meio da qual o objeto está sempre em poder de um ou de outro, porque enquanto um renuncia à sua participação nessa comunidade, o objeto passa a ser seu do que o aceita (por conseguinte, em virtude de um ato positivo de sua vontade). A translação de sua *propriedade* a outro é a alienação. O ato da vontade conjunta de duas pessoas, a fim de passar o seu de um para outro, é o *contrato.*

XIX.
O QUE ADQUIRO POR CONTRATO

Em todo contrato existe por parte do arbítrio dois atos *preparatórios* e dois atos do arbítrio jurídico *constitutivos.* Os dois primeiros (os do *tratado*) são a oferta (*oblatio*) e o consentimento (*approbatio*); os outros dois (os da *conclusão*) são a *promessa (promissum)* e a *aceitação (aceptatio).* Porque uma oferta não pode ser chamada de promessa antes de se julgar que a coisa oferecida (*oblatum*) possa *agradar* o aceitante; o que só pode ser conhecido pelas duas primeiras declarações; com as quais, todavia, nada foi adquirido.

Nem a vontade *sozinha* do que promete, nem a do que consente (como aceitante), basta para fazer passar o seu do primeiro ao segundo; é necessária a *reunião* dessas duas *vontades* e, por conseguinte, a declaração *simultânea* de ambas. Entretanto, esta simultaneidade é impossível nos atos físicos da declaração, que necessariamente devem *suceder-se* no tempo, não podendo ser simultâneos.

Porque, se eu prometi e outro agora quer aceitar, no intervalo transcorrido (por mais curto que tenha sido) posso arrepender-me, porque antes da aceitação sou, todavia, livre; assim como, da sua parte, o aceitante, pela mesma razão, não deve acreditar-se obrigado pela promessa que se seguiu à declaração da parte oposta. As formalidades exteriores (*solemnia*) da conclusão de um contrato (o aperto de mãos ou a ruptura da palha (*stipula*) entre as duas partes *contratantes*) e todas as confirmações feitas por uma e outra parte em apoio das declarações anteriores, indicam, mais que outra coisa, o embaraço dos contratantes acerca da maneira de se representar como em um relâmpago a existência *simultânea* das declarações sucessivas que se fizeram um ao outro, porque estes atos sempre são sucessivos no tempo, não existindo *até um determinado momento* ou *já* quando o outro ocorre.

Todavia, a dedução transcendental da noção da aquisição por contrato é a única que pode resgatar todas essas dificuldades. Numa relação *jurídica* externa, minha tomada de posse do arbítrio de outro (e reciprocamente) é contemplada como princípio da determinação dessa pessoa a um fato, mas, somente, como um princípio físico, e em virtude das declarações sucessivas do arbítrio de cada um de nós no tempo, declarações que são a condição sensível da apreensão e nas quais dois atos jurídicos nunca podem ser mais do que sucessivos. Na verdade, esta relação, como relação jurídica, é puramente intelectual e portanto esta posse, considerada como posse inteligível (*possessio noumenon*), segundo a noção de liberdade e abstração feita das condições físicas de que acabamos de falar, é contemplada como o meu e o teu em virtude da vontade legislativa. Então os dois atos, o da promessa e o da aceitação, não são já considerados como sucessivos, mas, sim, (da mesma maneira que o *pactum re initum*) como resultando de uma vontade *comum* única (a qual é expressa pelas palavras ao *mesmo tempo*) e o objeto (*promissum*) é considerado como adquirido, pela omissão das condições físicas, segundo a lei da razão prática pura.

Observação. Os vãos e penosos esforços dos jurisconsultos (por exemplo, de Moisés-Mendelsshon em sua Jerusalém) para demonstrar a possibilidade de deduzir da noção da aquisição por contrato, nos autorizam a pensar que a dedução que propomos é a única possível e verdadeira. A questão era: *Por que devo* cumprir minha promessa? – porque *devo*, e todos o compreendem perfeitamente. Porém, é absolutamente impossível dar outra prova deste imperativo categórico; como é impossível ao geômetra demonstrar por meio de raciocínios que, para construir um triângulo, é preciso tomar três linhas (proposição analítica), das quais duas quaisquer juntas devem ser mais longas que a terceira (proposição sintética; mas ambas *a priori*). É um postulado da razão pura (que faz abstração das condições sensíveis do espaço e do tempo, no que concerne à noção do direito); e a teoria da possibilidade da abstração dessas condições, sem que por isso a posse dessa noção desapareça, é precisamente a dedução da noção da aquisição por contrato, da mesma maneira que no título precedente era a teoria da aquisição pela ocupação das coisas exteriores.

XX.
Coisa exterior que adquiro por contrato

Mas, que coisa exterior adquiro por contrato? Como se trata tão somente da causalidade do arbítrio de outra pessoa com relação à prestação a que essa pessoa se obrigou com respeito a mim, eu não adquiro imediatamente uma coisa exterior, mas, sim, o fato de uma pessoa, fato por meio do qual essa coisa é posta em meu poder, a fim de que eu a faça minha. Adquiro, pois, pelo contrato a promessa de outro (e não a coisa prometida). E, contudo, meu haver exterior recebeu algum aumento; sou *mais* rico pela aquisição de uma obrigação ativa sobre a liberdade e a fortuna de outro. Mas este meu *direito* é tão somente um direito *pessoal*, a saber: o de proceder contra uma pessoa física *determinada* e ainda sua *causalidade* (seu arbítrio), para que faça por mim alguma coisa. Não é, pois, um *direito real* contra essa *pessoa moral*, que não é outra coisa senão a ideia do *arbítrio conjunto a priori de todos* e em virtude do qual somente posso adquirir um *direito contra todo possuidor da coisa:* o que é o caráter de todo direito *real* ou sobre *uma coisa.*

Observação. A transmissão do meu por contrato se verifica segundo a lei de continuidade (*lex continui*); isto é, que a posse do objeto não se interrompe um instante durante esse ato, porque do contrário eu adquiriria um objeto nesse estado como uma coisa sem dono (*res vacua*); a aquisição, por conseguinte, seria primitiva – o que repugna a noção do contrato. Mas essa continuidade é tal que não se deve entender a partir da vontade sucessiva dos dois contratantes (*promittentis et acceptantis*); mas, sim, que suas vontades reunidas transportam o meu de um a outro; por conseguinte não sucede que o que promete abandone (*derelinquat*) primeiramente sua posse em benefício do que aceita, ou que renuncie ao seu direito (*renunciet*) e que em seguida o outro se apodere dele, ou reciprocamente. A translação é, pois, um ato pelo qual o objeto pertence um instante a duas pessoas ao mesmo tempo. Sucede aqui como na trajetória parabólica de uma pedra lançada no espaço; quando a pedra atingiu o ponto mais alto, pode ser considerada como subindo e descendo ao mesmo tempo e passando assim sem descontinuidade do movimento de subida para o de descida.

XXI.
Só se adquire uma coisa pela entrega

Não se adquire uma coisa pela *aceitação* da promessa, mas unicamente pela *entrega* da coisa prometida; porque toda promessa tem, por fim, uma *prestação* e, se o que se promete é uma coisa, a prestação só pode ocorrer por um ato por meio do qual o que promete coloca o que aceita na posse da coisa, isto é, por meio da entrega. Antes desse ato e antes do recebimento da coisa, a prestação ainda não ocorreu; a coisa não passou ainda de um para o outro; por conseguinte, este último não a adquiriu ainda. O direito que resulta de um contrato não é, pois, senão um direito pessoal, e não chega a ser *real* a não ser por meio da entrega.

Observação. O contrato que é acompanhado imediatamente da entrega (*pactum re initum*) exclui todo intervalo de tempo entre a conclusão e a execução e não necessita de nenhum ato particular ulterior para transferir o seu de um a outro dos contratantes. Mas, quando entre a conclusão e a execução transcorre um tempo mais ou menos longo (determinado ou indeterminado) para realizar a entrega, pode-se perguntar se, antes da expiração desse prazo, a coisa já é de quem aceita em virtude do contrato, e se seu direito é um direito sobre a coisa, um direito real, ou se é necessário fazer intervir um novo contrato particular, relativo puramente à entrega; por conseguinte, se pela simples aceitação o direito é puramente pessoal, e se somente há lugar para o direito real pela tradição. Na sequência se verá que este último caso é o verdadeiro.

Se faço um trato com respeito a uma coisa, por exemplo, se compro um cavalo e o levo imediatamente à minha quadra, ou o ponho em minha posse física de qualquer maneira que seja, passa a ser meu (*vi pacti re initi*) e meu direito é um direito sobre a coisa, um direito real. Mas se o deixo nas mãos do vendedor, sem estipular com ele nada de particular acerca de quem irá conservá-lo antes de minha tomada de posse (*apprehensio*), por conseguinte antes da mudança de possuidor, neste caso o cavalo não é meu e o direito que adquiro não é senão um direito contra uma pessoa determinada, a saber: contra o vendedor, a fim de que *me ponha de posse (poscendi traditionem)* como condição subjetiva da possibilidade de todo uso facultativo ou arbitrário da coisa. Meu direito não é, pois, senão o direito pessoal de exigir do vendedor a execução de sua promessa (*praestatio*) de pôr-me em posse da coisa. Se, assim, o contrato não contém *ao mesmo tempo* a entrega *(pactum re initum)*, se, por conseguinte, transcorre um intervalo de tempo entre a conclusão do tratado e a tomada de posse da coisa adquirida, não posso chegar à posse senão exercendo um *ato de posse (actum possessorium)* jurídico particular, que constitui um contrato especial. Este contrato consiste, da minha parte, em dizer que irei ou que enviarei alguém para buscar a coisa (o cavalo) e por parte do vendedor que consinta nisso; porque não é coisa corrente o fato de o vendedor guardar por sua conta e risco uma coisa cujo uso é de outro; é necessário para isso um contrato particular segundo o qual aquele que aliena uma coisa continua sendo proprietário dela durante o *tempo convindo* (e deve sofrer todas as perdas que possam sobrevir), não podendo o comprador ser considerado pelo vendedor como de posse da coisa, pois não se torna desembaraçado dela antes do tempo convindo. Antes desse ato de posse não se adquire pelo contrato senão um direito pessoal e, todavia, aquele que aceita somente pode adquirir uma coisa exterior por tradição.

Seção III
DO DIREITO MISTO OU DO DIREITO REAL PESSOAL

XXII.
Que é Direito Real Pessoal?

Este direito é o da posse de um objeto exterior *como de uma coisa* e de seu uso *como de uma pessoa.* (O meu e o teu que concernem a esse direito é tudo que se refere à *família*; e a relação, neste estado, é a da comunidade de seres livres que pela influência mútua – de uma pessoa sobre outra – produzem, segundo o princípio da liberdade exterior – *causalidade* –, uma sociedade de membros de um todo – entre pessoas que vivem em *comunidade* –; o que se chama *a família.)* A maneira de adquirir este estado não ocorre nem por um fato arbitrário (*facto*), nem por simples contrato (*pacto*), mas sim por um lei (*lege*). Esta lei, pelo fato de não ser somente um direito contra uma pessoa, como também e ao mesmo tempo uma posse dessa pessoa, deve ser um direito superior a todo direito real e pessoal, a saber: o direito da humanidade em nossa própria pessoa; direito cuja consequência é uma lei natural facultativa em cujo favor é possível semelhante aquisição.

XXIII.
A aquisição do direito real pessoal é de três espécies quanto a seu objeto

A aquisição, segundo esta lei, é de três espécies quanto ao objeto: o *homem* adquire uma *mulher,* o *casal* adquire *filhos* e a família *servos.* Todas estas coisas suscetíveis de aquisição não o são igualmente de alienação, e o direito do possuidor desses objetos lhe é *eminentemente pessoal.*

DO DIREITO DOMÉSTICO

TÍTULO I
Do direito matrimonial

XXIV.
Que é o direito conjugal?

A *comunidade sexual (commercium sexuale)* é o uso mútuo dos órgãos e das faculdades sexuais de um indivíduo de sexo diferente *(usus membrorum et facultatum sexualium alterius).* Este uso é *natural* (aquele pelo qual se pode procriar o semelhante), ou *contra a natureza.* Este último ocorre com uma pessoa do mesmo sexo, ou com um animal estranho à espécie humana. Estas transgressões das leis, estes vícios contra a natureza (*crimina carnis contra naturam*), chamados também de sem-nome, não podem ser justificados, como lesão da humanidade em nossa própria pessoa, por nenhuma restrição ou exceção, contra a reprovação universal.

Agora, a relação *sexual* natural ocorre segundo a *natureza* animal pura *(vaga libido, venus vulgivaga, fornicatio),* ou segundo a lei. Esta última espécie de relação é o *casamento* (*matrimonium*), isto é, a união de duas pessoas de sexo diferente para a posse mútua, durante toda a vida, de suas faculdades sexuais. O fim do matrimônio, que é procriar e educar os filhos, pode ser sempre um fim que a natureza se propôs ao dar ao homem a inclinação recíproca dos sexos; porém, o homem que se casa não está obrigado, sob pena de ilegitimidade da união, a se propor tal fim: de outro modo, ao cessar a capacidade de gerar, o matrimônio se dissolveria por si mesmo ou por pleno direito.

O mesmo dizemos na suposição de que o prazer no uso mútuo das faculdades genitais fora o único fim da união do homem e da mulher; o contrato do matrimônio tampouco é facultativo dentro desse conceito; é um contrato necessário pela lei da humanidade. Isto é que, se um homem e uma mulher desejam se gozar reciprocamente, é necessariamente *indispensável* que se unam em matrimônio; assim o exige a lei de direito da razão pura.

XXV.
Sem casamento não é possível a satisfação jurídica da inclinação à propagação

Porque o uso natural que um sexo faz dos órgãos sexuais do outro é um gozo *(fruitio)* para o qual uma das partes se põe à disposição da outra. Neste ato, o próprio homem se converte em coisa, o que repugna ao direito de humanidade em sua própria pessoa. Isto somente é possível sob a condição de que quando uma das duas pessoas é adquirida pela outra, *como pudesse sê-lo uma coisa*, a aquisição seja recíproca; porque encontra nisto sua vantagem própria e restabelece assim sua personalidade. Mas a aquisição de um certo membro no homem equivale à aquisição de toda a pessoa –porque a pessoa forma uma unidade absoluta. De onde se conclui que a cessão e a aceitação de um sexo para uso de outro são não somente permitidas, sob condição de matrimônio, como também não são possíveis senão sob essa *única* condição. Este direito *pessoal* é também *real*; porque se um dos esposos se afasta, ou se põe à disposição de uma pessoa estranha, o outro tem sempre o direito incontestável de fazê-lo retornar ao seu poder, como uma coisa.

XXVI.
A relação dos cônjuges é uma relação de igualdade

Segundo este princípio, a relação dos esposos é uma relação de *igualdade* de posse, seja das pessoas que se possuem reciprocamente, seja das fortunas; mas somente na *monogamia*, porque na *poligamia* a pessoa que se entrega adquire apenas uma parte daquele que a recebe inteira e se faz por conseguinte pura e simplesmente coisa sua. – Os esposos têm, todavia, a faculdade de renunciar ao uso de uma parte dessas coisas, porém somente mediante um contrato particular.

Observação. Deduz-se do princípio precedente que o concubinato não é suscetível de nenhum contrato que possa assegurar seu direito, como não o é o aluguel de uma pessoa para o gozo momentâneo de outra (*pactum fornicationis*). Porque, relativamente a este último contrato, todos convirão que a pessoa que o tenha celebrado não pode ser legitimamente obrigada à execução de sua promessa, caso se arrependa. O mesmo acontece com relação ao primeiro contrato, isto é, o do concubinato (como *pactum turpe*), porque o concubinato seria um aluguel (*locatio-conductio*), um aluguel de uma parte de uma pessoa para uso de outra pessoa, na verdade, porém que equivaleria ao aluguel da pessoa inteira como coisa entregue à discrição de outro, pela indissolúvel unidade dos membros de uma pessoa. De onde se conclui que uma das partes pode romper essa classe de compromissos, sem que a outra possa queixar-se legitimamente de lesão de seu direito. O mesmo sucede com os casamentos chamados de morganáticos, casamentos que se verificam com a intenção de aproveitar a desigualdade do estado e da condição das duas partes, de maneira que uma delas tenha um domínio

excessivo sobre a outra. Porque, de fato, e segundo o direito natural, semelhante união não difere do concubinato e não é um verdadeiro casamento. Talvez se perguntará se tal espécie de união tem algo de mais contrário à igualdade dos esposos, que a lei que diz do homem com relação à mulher: Ele será teu senhor (ele mandará, ela obedecerá). Esta lei não pode ser considerada contrária à igualdade de um casal humano, se o domínio de que se trata tem por única razão a superioridade das faculdades do homem em relação às da mulher na realização do bem comum da família, e a superioridade do direito ao mando ou à autoridade; o direito neste caso funda-se nessa superioridade e no uso que se deve fazer dela. Desta maneira, a autoridade, a superioridade pode ser derivada do dever da unidade e da igualdade com relação ao fim.

XXVII.
O contrato de casamento só é perfeito pela coabitação

O contrato de casamento não é *perfeito* a não ser pela *coabitação matrimonial (copula carnalis).* Um contrato de casamento, celebrado entre duas pessoas de sexo diferente com a cláusula secreta de abster-se da coabitação, ou com consciência da impotência de uma ou outra das duas partes é tão somente um *contrato simulado* e não existe casamento. Tal união pode, portanto, ser dissolvida à vontade por um ou outro dos contratantes. Mas, se a origem da impotência é posterior ao contrato, o direito do casamento não é afetado por esse acidente, que aliás nada tem de fraudulento.

A aquisição de uma mulher ou de um marido não tem, pois, lugar *facto* (pela coabitação) sem contrato prévio nem *pacto* (pelo simples contrato de casamento, sem coabitação subsequente), mas sim somente *lei*, isto é, consequência jurídica da obrigação de se unir sexualmente por meio da posse *mútua* das pessoas, posse que somente pode ser realizada pelo uso, de certo modo mútuo, de seus órgãos sexuais.

TÍTULO II
Direitos dos pais

XXVIII.
Que é o direito paternal

Assim como do dever do homem para consigo mesmo, isto é, relativamente à humanidade na sua própria pessoa, resultou um direito (*jus reale*) dos dois sexos a se adquirirem reciprocamente, como pessoas, no casamento, de uma maneira *real*, do mesmo modo resulta da *procriação* nesta sociedade um dever de conservar os *produtos* da união de seus membros e cuidar deles; quer dizer, que os filhos, como pessoas, têm ao mesmo tempo o direito primitivamente inato (e não transmitido pelo nascimento) de serem cuidados pelos seus pais, até se encontrarem num estado em que possam cuidar de si mesmos; direito que lhes confere imediatamente a lei (*lex*), sem necessidade do efeito de um ato jurídico particular.

Porque, como o que foi produzido é uma *pessoa*, e é impossível se formar a ideia da produção, por uma operação física, de um ser dotado de liberdade[13], é por isto uma ideia

13 Não se concebe sequer como Deus pode *criar* seres livres; porque parece que todas as ações futuras desses seres, predeterminadas por esse primeiro ato, deveriam estar compreendidas na cadeia da necessidade da natureza e, por conseguinte, não ser livres. Mas o imperativo categórico prova, em matéria moralmente prática, que essas criaturas (os homens) são livres. É esta uma decisão suprema da razão, que todavia não pode nos fazer compreender teoricamente a possibi-

completamente justa e até necessária do *ponto de vista prático* a ideia de considerar a procriação como um ato pelo qual trazemos ao mundo uma pessoa sem o seu consentimento, de uma maneira completamente arbitrária de nossa parte. Como consequência deste fato, os pais ficam obrigados a tornar a vida de seus filhos suportável e doce, enquanto possam.

Não poderia destruir seu filho, como fariam, por assim dizer, com as *obras de suas mãos* (que não são seres dotados de liberdade), nem tratá-lo como sua propriedade, nem ainda abandoná-lo à sorte, porque não é simplesmente um ser deste mundo, mas também um cidadão do mundo e se encontra em uma posição que não podia ser-lhes indiferente segundo as ideias do direito.

XXIX.
Relação de pais e filhos segundo o direito paternal

Deste dever resulta também necessariamente o direito dos pais de *dirigir* e educar o filho, enquanto este não possa fazer uso de seus membros e de sua inteligência; o direito de

---

lidade dessa relação de uma causa ao seu efeito, porque são duas coisas fora do alcance dos sentidos. O que se pode exigir dela neste caso é simplesmente que demonstre que não existe contradição na noção de uma *criação de seres livres*, o que pode ser feito estabelecendo que a contradição somente ocorre quando se introduz na relação do hiperfísico, além da categoria da causalidade, a *condição do tempo* (condição que é inevitável com relação aos objetos dos sentidos, visto que o princípio de uma ação a precede); o que efetivamente ocorreria se, por exemplo, a noção de causa tivesse de ter uma realidade objetiva no sentido teórico. Porém, a contradição desaparece se a categoria pura (sem submeter-lhe nenhum *schema*) é empregada na ideia da criação sob um ponto de vista moralmente prático, por conseguinte não sensível.
O jurisconsulto filósofo não qualificará de sutilezas inúteis, que se perdem em trevas sem fim, esta investigação levada até os primeiros elementos da filosofia transcendental, numa metafísica dos costumes, se refletir sobre a dificuldade do problema que se trata de resolver e, todavia, sobre a necessidade de satisfazer nisto os princípios do direito.

conservá-lo, de instruí-lo e de formá-lo, tanto do ponto de vista *pragmático* (a fim de que um dia possa por si mesmo prover sua necessidade e ganhar a vida), como do ponto de vista *moral* (porque de outro modo a culpa da negligência dos pais recairia sobre eles): tudo isto até a idade da independência (*emancipatio*). Ao chegar a ela renunciam ao seu direito paternal de mandar e a todo reembolso dos gastos de educação e a toda indenização pelos trabalhos que sofreram. Por outro lado, as obrigações dos filhos para com seus pais não serão, após a educação, mais que simples deveres de virtude, tais como o reconhecimento.

Resulta dessa personalidade dos filhos que, não podendo ser considerados como uma propriedade dos pais, mas formando parte, contudo, do meu e teu deles (visto que estão assimilados às coisas em posse dos pais e podem ser recobrados da posse de outro, ainda contra sua vontade, para voltar à dos pais), o direito dos pais não é um direito real puro (por conseguinte não é alienável) *(jus personalissimum).* Mas não é tampouco um direito puramente pessoal. De onde se conclui que é um direito misto, um direito pessoal de espécie *real.*

Disto resulta evidentemente, portanto, que é necessário na teoria do direito agregar ao direito real e ao direito pessoal puros uma terceira espécie de direito, *o direito pessoal de espécie real*; e que a divisão dos direitos como foi feita até aqui é incompleta, porque quando se trata dos direitos dos pais sobre seus filhos, como parte de sua casa, os pais não podem se prevalecer unicamente do dever dos filhos para fazê-los retornar à sua posse quando dela se afastam, mas estão autorizados a recolhê-los, a encerrá-los e a dominá-los como coisas (animais que teriam fugido de casa).

TÍTULO III
DIREITOS DO DONO DA CASA OU CHEFE DE FAMÍLIA

XXX.
QUE É O DIREITO HERIL

Os filhos da casa, que compunham a *família* com os pais, chegam à *maioridade*, são *maiores*, isto é, donos de si próprio (*sui juris*) sem necessidade de contrato que os emancipe de sua dependência passada; este direito eles o adquirem pelo simples fato de serem capazes de se conservarem (o que ocorre como maioria natural, em consequência do curso universal da natureza em geral, ou por causa de suas qualidades naturais particulares). Adquirem, pois, este direito sem ato jurídico especial, por conseguinte em virtude da lei somente (*lege*), que os dá ao mesmo tempo como quitados do que sua educação tenha podido custar aos seus pais, ao mesmo tempo que declara estes livres de suas obrigações com relação aos seus filhos. Neste momento uns adquirem e os outros recobram sua liberdade natural. Mas a sociedade doméstica, antes necessária segundo a lei, fica agora dissolvida.

Ambas as partes podem continuar formando uma única e mesma família real, porém com um título diverso do anterior, a saber: da mesma maneira que o dono de uma casa forma uma família com seus criados; constitui uma verdadeira sociedade heril (*societas herilis*), a qual somente é possível em virtude de um contrato que o pai de família pode celebrar com seus filhos já maiores; ou, se a família não tem filhos, com outras pessoas livres que concorrem para a formação da sociedade doméstica, sociedade que não se funda na igualdade, mas se compõe de uma pessoa que *manda* ou de um amo e de pessoas que *obedecem* ou servidores (*imperantis et subjectis domestici*).

Os servidores ou criados formam parte, neste estado de coisas, do seu do amo da casa, ainda em virtude de direito real, pelo que respeita à forma (*o estado de posse*); porque o amo pode, caso seu criado fuja, fazê-lo retornar ao seu poder por sua única e própria vontade; porém quanto à matéria, isto é, quanto ao *uso*, ao serviço que dele se possa obter, não poderá nunca exercer ato de proprietário (*dominus servi*), porque o servidor somente está submetido ao seu poder por um contrato, e um contrato no qual uma das partes renunciara a sua liberdade inteira em proveito alheio, cessando, por conseguinte, de ser uma pessoa, e não tendo, pelo mesmo, nenhum dever de observar o contrato, é uma contradição. Tal contrato, é, pois, nulo e de nenhum efeito. Não nos compete aqui falar do direito de propriedade sobre o que perdeu sua personalidade por seus crimes. O contrato de um amo sobre a liberdade de um servidor não pode, portanto, ser de tal natureza que o que obriga possa fazer degenerar o *uso* da liberdade de outro em *abuso*. Não só o amo tem o direito de julgar com respeito a este uso, como também o criado. Este nunca pode ser reduzido à servidão. Não pode, portanto, comprometer-se por toda sua vida, mas somente por um tempo determinado; e durante este tempo uma das partes contratantes pode despedir a outra. Porém, os filhos, mesmo aqueles que passaram a ser escravos por seus crimes, são sempre livres; porque todo homem nasce livre, desde que não haja delinquido. Os gastos necessários para sua educação até a maioridade não podem fazê-lo considerar-se devedor de uma dívida que por força tenha de pagar, porque o escravo, se pudesse, deveria também educar seus filhos, sem por isso pedir-lhes nada. O proprietário do escravo, dada a impotência em que este se encontra e contraindo portanto a obrigação de alimentar seus filhos por ele, não pode tampouco adquirir por isso nenhum direito.

Nisto, como nos dois títulos que precedem, vê-se que há um direito pessoal-real (o do amo sobre os criados), visto que

estes podem ser reduzidos ao poder daquele e reivindicados como sua coisa exterior contra todo possuidor, mesmo antes que seja necessário examinar as razões que pudessem ter tido para fugir e o direito que lhes assista.

Divisão dogmática de todos os direitos suscetíveis de serem adquiridos por contratos

XXXI.
Prova de que a divisão é metafísica pela resposta às duas questões seguintes

Pode-se exigir de uma ciência metafísica do direito que enumere plena e determinadamente *a priori* os membros da divisão do direito (*divisio logica*) e dê assim a conhecer seu verdadeiro sistema. Toda divisão que não se faz assim não passa de uma *divisão empírica*, puramente *fragmentária* (*partitio*), e de nenhum modo prova que não haja, no entanto, outros membros na própria noção que terá de ser dividida. Podemos, portanto, chamar de *dogmática* (por oposição à divisão empírica) uma divisão feita segundo um princípio *a priori.*

Todo contrato, *objetivamente* considerado, se compõe essencialmente de dois atos jurídicos: da promessa e de sua aceitação. A aquisição por aceitação (a não ser um *pactum re imitum,* o qual exige uma entrega) não é *parte* integrante do contrato, mas sim sua *consequência* jurídica necessária. Porém, objetivamente considerado, isto é, como resposta a esta questão: se esta consequência necessária segundo a razão (consequência que *deveria* ser a *aquisição*) realmente ocorrerá (será uma consequência *física*), a aceitação do que promete não proporciona, entretanto, nenhuma *segurança.*

Esta segurança (isto é, a *certidão* da aquisição por meio do contrato), ainda que exterior à modalidade do contrato, nem por isso deixa de formar uma parte integrante da totalidade dos meios que devem se pôr em jogo para conseguir o fim do contrato, a saber: a aquisição. Três pessoas são necessárias para este efeito: *o que promete, o que aceita* e *a caução*. Por esta última e por seu contrato com o que promete nada ganha o que aceita relativamente ao objeto, é certo, porém ganha força para entrar em posse do que lhe pertence.

Segundo estes princípios da divisão lógica (racional), não existe, falando rigorosamente, mais que três espécies *puras* e simples de contratos. Quanto aos contratos empíricos e complexos, que agregam princípios convencionais e regulamentares aos princípios do meu e do teu, segundo as simples leis da razão, são inumeráveis e estão por isso mesmo fora da esfera da ciência metafísica do direito, que é a única coisa de que temos de nos ocupar aqui.

Todo contrato tem por objeto: ou 1. uma aquisição unilateral (contrato a título gratuito); ou 2. uma aquisição bilateral (contrato a título oneroso); ou então somente 3. uma *garantia do seu* (garantia que pode ser ao mesmo tempo gratuita de uma parte e, todavia, onerosa da outra).

1. O contrato a título *gratuito* (*pactum gratuitum*) é:

a) A guarda de um bem que se confia (*depositum*);

b) O empréstimo de uma coisa (*commodatum*);

c) A doação (*donatio*).

2. O *contrato oneroso* (*pactum onerosum*) compreende:

A. A troca no sentido mais geral (*permutatio late sic dicta*), isto é:

a) A troca propriamente dita (*permutatio stricte dicta*) – mercadoria por mercadoria;

b) A *compra* e a *venda* (*emptio venditio*) – mercadoria por dinheiro;

c) O *empréstimo de consumo* (*mutuum*) – alienação de uma coisa sob a condição de recobrá-la outro dia, somente espécie (por exemplo, trigo por trigo, dinheiro por dinheiro).

B. O *contrato de aluguel* (*locatio conductio*), isto é:

a) O aluguel de uma coisa minha a outra pessoa para o uso que dela possa fazer (*locatio rei*). A esta coisa, caso deva ser restituída somente em espécie (*in specie*), podem ser acrescidos juros, como pacto oneroso (*pactum usurarium*).

b) *O aluguel do trabalho* (*locatio operae*); isto é, a concessão do uso de minhas forças a outro por um preço determinado (*merces*). O trabalhador, em virtude do contrato, é o mercenário (*mercenarius*).

c) O *mandato*; a substituição em lugar e *nome* de outro feita por este outro. Se a procura se verifica ocupando o lugar, mas sem tomar o nome daquele a quem se substitui, é uma *gestão de negócios (gestio negotii).* Se se executa em nome de outro, é um mandato. Neste caso, como no do aluguel, o contrato é oneroso (*mandatum onerosum*).

3. O *contrato de caução* compreende:

a) A entrega do penhor e sua aceitação ao mesmo tempo (*pignus*);

b) A *fidejussão* ou *compromisso* em apoio da promessa de um contrato (*fidejussio*);

c) A *entrega de reféns* (*praestatio obsidis*).

Neste quadro de todos os modos de translação (*translatio*) do seu a outro, são apresentadas noções dos objetos cuja propriedade se trata de transferir ou dos instrumentos próprios para operar esta translação; noções completamente experimentais, e que, no que diz respeito a sua própria possibilidade, não cabem num tratado *metafísico* do direito; porque este não deve conter mais do que divisões feitas segundo princípios a *priori*, e por conseguinte nele se faz abstração da matéria da coisa com a qual se faz comércio (que pode ser uma matéria convencional), devendo ocupar-se somente da simples forma.

Tal é a noção do *dinheiro*, em oposição a todas as outras coisas alienáveis, a saber, as *mercadorias*, sob título de *venda* e de *compra*: tal é também a noção do *livro*. Mas se verá que esta noção de dinheiro, como o meio mais fácil e mais usado que os homens empregam para fazer comércio com as coisas nas operações chamadas *venda* e *compra* (comércio), assim como a noção do livro, como meio por excelência para comércio do pensamento, resolvem-se, todavia, em relações intelectuais puras e, por conseguinte, o quadro dos contratos puros não teve de se desfigurar por uma mescla empírica.

I.
Que é o dinheiro?

O *dinheiro* é uma coisa cujo único uso é ser *alienado*. Tal é sua verdadeira *definição* de *nome*, segundo Achenwall; definição suficiente para fazer distinguir este objeto de nosso arbítrio de todos os demais. Mas esta definição não nos dá nenhuma explicação a respeito da possibilidade de semelhante coisa. Vê-se, todavia: 1. que esta alienação não é considerada no comércio como uma doação, mas sim como uma aquisição *mútua* (por um *pactum onerosum*); 2. que sendo considerado o dinheiro (em um povo) unicamente como simples *meio* universalmente admitido para facilitar as trocas ou o comércio, e não tendo valor em si mesmo, por oposição a uma coisa como *mercadoria* (isto é, tudo o que tem preço e se refere em um povo a uma necessidade particular, seja de um, seja de outro), está destinado a representar todas as mercadorias possíveis.

Uma medida de trigo tem o maior valor direto como meio de satisfazer uma das necessidades do homem. Pode também ser empregado na alimentação dos animais que servem para nos alimentar, para transportar cargas; que compartilham do nosso trabalho e contribuem deste modo para o aumento de preservação dos homens; que não somente multiplicam cada vez mais os produtos da natureza, como também podem vir em auxílio de todas as nossas necessidades por meio dos produtos da arte, para edificar nossas casas, fabricar nossas roupas e nos dar acesso a todos os gozos e todas as comodidades que a indústria pode proporcionar. O valor do dinheiro, ao contrário, é tão somente indireto. Não podemos desfrutá-lo nem nos servir dele para qualquer uso; entretanto, como meio, não existe nenhuma outra coisa de uso mais amplo.

Partindo disto, pode-se dar provisoriamente a seguinte *definição real* do dinheiro:

É o *meio geral de negociar da indústria dos homens entre si*. De modo que a riqueza de uma nação, adquirida por meio do dinheiro, é propriamente apenas a soma representativa de sua indústria. Com esta indústria os homens são pagos reciprocamente e o valor dos produtos industriais é representado pelo dinheiro que circula entre os cidadãos de um povo.

Agora, a coisa que se deve chamar de dinheiro e que deverá ser trocada por mercadorias, deve, como consequência, ter custado tanto cuidado para a *indústria* na sua produção ou para atingir o estado em que pode passar ao comércio, como custam as mercadorias (produtos da natureza ou da arte) para passar ao comércio; porque, se a matéria chamada dinheiro fosse mais fácil de obter do que a mercadoria, vender-se-ia no mercado mais dinheiro que mercadorias. E, como se teria de empregar mais indústria na fabricação da mercadoria que na obtenção de dinheiro, a indústria de manufatura, e por conseguinte o comércio em geral, cuja consequência é a riqueza pública, decairia. As notas dos bancos, bem como os papéis, não podem, portanto, ser considerados como dinheiro, ainda quando o substituam durante algum tempo, porque não custam para sua produção quase nenhum trabalho e porque seu preço se funda unicamente na opinião de que poderão ser trocados durante muito tempo por *dinheiro vivo*, troca que deixa de ocorrer subitamente enquanto se percebe que o dinheiro não é suficientemente abundante para fazer um comércio fácil e seguro e obriga necessariamente a fazer os pagamentos. Assim, a indústria dos que são empregados nas minas de prata e ouro do Peru ou do Novo México, principalmente em função das numerosas e infrutíferas tentativas feitas com grandes gastos para descoberta dos filões de minério, é mais preciosa, provavelmente, e mais custosa que a que tem por objeto a fabricação de mercadorias na Europa. Apesar de seus produtos, seria menos paga e decairia em muito pouco tempo, deixando na miséria todos os produtores dessas distantes comarcas, se, por seu lado, a indústria europeia, excitada com essas matérias preciosas, não se desenvolvesse ao mesmo tempo proporcionalmente, satisfazendo as necessidades e até o luxo dos que exploram as minas. Como se vê, uma indústria serve para desenvolver outra.

Porém, como é que aquilo que começou sendo mercadoria se transformou em dinheiro? Isto sucede quando um grande e poderoso dissipador de uma matéria anteriormente empregada no adorno e esplendor de sua corte (por exemplo, o ouro, a prata, o cobre, ou uma espécie de conchas chamadas *cauris* – ou como no Congo uma espécie de tranças chamadas *makutes* – ou lingotes de ferro como no Senegal – ou nas costas da Guiné os próprios escravos etíopes) exige, de seus súditos, impostos sobre essa matéria, e paga, por sua vez, aos seus servidores unicamente com essa espécie de coisas (como em um mercado ou em uma Bolsa). Somente desta maneira, ao menos segundo minhas ideias, pode legitimamente uma mercadoria converter-se em meio de comércio para a indústria dos súditos entre si; isto é, numa verdadeira riqueza nacional e por conseguinte em dinheiro.

A noção intelectual, que está submetida à noção experimental do dinheiro, é pois, a de uma coisa que, estando compreendida na circulação da posse (*permutatio publica*), determina o preço de todas as demais coisas. No número destas últimas estão incluídas as ciências, enquanto não são ensinadas gratuitamente aos demais. A quantidade de numerário de um povo constitui, pois, sua riqueza (*opulentia*); porque o preço (*pretium*) é o juízo público sobre o valor (*valor*) de uma coisa com relação à quantidade proporcional do que serve de meio universal e representativo da troca da indústria (meio de circulação). De onde se deduz que, no país em que há muito comércio, nem o ouro nem o cobre são considerados como dinheiro propriamente falando, mas sim tão somente mercadorias, porque os primeiros escasseiam e as segundas abundam demasiado para que a troca se verifique com facilidade. Isto é, não obstante, necessário, ter dinheiro dividido e subdividido em partes bem pequenas para que se possa realizar a troca por mercadorias em seu maior detalhe. Admite-se, portanto, no grande comércio mundial a prata com liga maior ou menor de cobre como prata pura e ela é tomada como unidade de medida nos cálculos de todos os preços. Os demais metais (e, por conseguinte, ainda menos as matérias não metálicas) não podem ter curso corrente a não ser entre os cidadãos de um povo cujo comércio tenha pouca importância. Os dois metais precedentes não são apenas pesados como também são marcados com um sinal que indica seu valor, e desta forma se convertem em dinheiro legal, isto é, *moeda*.

O dinheiro é, pois, segundo Adam Smith, "o corpo cuja alienação é o meio e ao mesmo tempo a regra da indústria; um corpo por meio do qual os indivíduos e os povos fazem um comércio recíproco". Esta definição subordina a noção experimental do dinheiro à noção intelectual, visto que se refere tão somente *à forma* das prestações mútuas no contrato oneroso (sem ter em conta a matéria), referindo-se deste modo à noção do direito na comutação do meu e do teu (*commutatio late sic dicta*) em geral, estabelecendo convenientemente o quadro precedente de uma divisão dogmática *a priori* e, por conseguinte, a divisão da metafísica do direito concebido sistematicamente.

II.
Que é um livro?

Um livro é um escrito (seja feito com uma pena, seja feito com tipos de imprensa, com poucas ou muitas folhas, o que aqui não tem importância) que representa um discurso dirigido ao público por meio dos signos visíveis da linguagem. O que *fala* ao público em seu próprio nome chama-se *autor.* Aquele que em um escrito fala ao público em nome de outro (de um autor) é o *editor.* Se este faz a publicação com consentimento do autor, é o editor propriamente dito; porém, se opera contra sua autorização, se chama *falsificador.* Chama-se de *edição* a soma de todas as cópias de um exemplar.

A falsificação de um livro é proibida juridicamente.

Um *escrito* não é o signo imediato de uma ideia (como, por exemplo, uma gravação em cobre, um *retrato* ou uma estátua de gesso, que representam o *busto* de uma pessoa determinada); é um *discurso* ao público; isto é, o autor *fala* ao público por meio do *editor.* Este, por sua vez, fala (por meio de seu operário, o impressor, *operarius)* não em seu próprio nome (porque neste caso passaria por seu autor), mas em nome do autor; para o que somente tem direito mediante um *mandato* (*mandatum*) dado a ele por este último. O falsificador, que por sua própria iniciativa faz uma edição da obra de outro, não somente fala em nome do autor, como também o faz sem haver recebido seu mandato (*gerit se mandatarium obsque mandato*); comete, por conseguinte, um delito com prejuízo do editor autorizado pelo autor (único editor legítimo, por conseguinte) e arrebata deste editor legítimo a vantagem que ele quis e devia obter fazendo uso de seu direito (*furtum, usus*). *A falsificação de um livro está pois juridicamente proibida.*

O que dá aparência de justiça à injustiça manifesta da falsificação de um livro é o fato de um livro se compor *em parte de um produto da arte;* produto mecânico (*opus mechanicum*) que se pode levar a cabo por todo possuidor legítimo de um exemplar do livro. Há, portanto, aqui lugar para um *direito real.* Porém, o livro se compõe também *em parte* do simples *discurso* do autor ao público, discurso que não pode ser reproduzido publicamente (*praestatio operae*) por um terceiro, sem assentimento do autor; e neste sentido existe direito pessoal. O erro consiste em confundir essas duas coisas.

A confusão do direito pessoal com o direito real dá lugar à questão em um outro caso compreendido no contrato de aluguel (II.B.a), no direito de inquilinato, de *habitação* (*jus incolatus*). Porque cabe perguntar se o proprietário tem obrigação, quando vende sua casa (ou seu fundo) alugada a um terceiro, antes do término no prazo do aluguel, de acrescentar no contrato de venda a cláusula condicional da continuação do aluguel; ou se pode dizer que a venda rompe o aluguel (sem qualquer outra reserva senão a do tempo que o uso tenha estabelecido para despedir o inquilino). No primeiro caso, a casa sofreria uma verdadeira *carga* (*onus*), um direito sobre a coisa e em benefício do inquilino; o que, em todo o caso, pode ser feito por um pacto condicional do contrato de aluguel, caso em que não haveria simplesmente contrato de aluguel, mas outro contrato, a que poucos proprietários se prestariam. Portanto, o princípio é o seguinte: "A venda rompe o aluguel". Quer dizer, o pleno direito à coisa (a propriedade) vence todo direito pessoal, que com efeito não pode subsistir com, ou melhor, contra o primeiro desses direitos. Neste caso, contudo, se reserva o inquilino a ação pessoal a fim de que possa fazer-se indenizar pelos prejuízos que lhe resultem da rescisão do contrato.

Seção Acessória
DA AQUISIÇÃO IDEAL DE UM OBJETO EXTERIOR DA VONTADE

XXXII.
Que é a aquisição ideal?

Chamo de aquisição *ideal* aquela que não contém nenhuma causalidade no tempo e que por conseguinte tem por fundamento uma simples ideia da razão pura. Esta aquisição não é menos *verdadeira* e de nenhum modo imaginária; entretanto, não pode ser chamada de real porque o ato de aquisição não é empírico, visto que o sujeito adquire de uma pessoa que, ou não existe (de uma pessoa cuja simples possibilidade de ser basta), ou que *deixa de existir*, ou que *já não existe*; por conseguinte, a entrada em posse é aqui uma pura ideia prática da razão. Há três classes de aquisição desta espécie: 1ª) por *usucapião*; 2ª) por *herança*; 3ª) por *mérito imortal* (*meritum immortale*), isto é, pelo direito a um bom nome após a morte. Estas três coisas não podem ter efeito senão no estado de direito social; não se fundam unicamente nos estatutos arbitrários da constituição civil. Estão também *a priori* no estado de natureza, e ainda devem ser concebidos previamente por necessidade, para estabelecer as leis na constituição civil (*sicut juris naturae*).

I.
Aquisição por usucapião

XXXIII.

Eu adquiro a propriedade de outro por meio simplesmente de uma *longa posse (usucapio)*, não porque posso *supor* razoavelmente que consente nisto (*per consensum praessumptum*) ou que tenha *abandonado* sua coisa (*rem derelictam*), em razão do que não se oponha ao uso que faço dela; mas simplesmente porque, apesar de seu direito sobre essa coisa como proprietário, posso, todavia, *rechaçá-lo* por meio de uma longa posse, porque posso ignorar sua existência passada e é justo proceder como se no tempo de minha posse ele não tivesse sido mais que um ser imaginário, ainda quando eu tenha podido posteriormente ter notícia de sua existência atual e de seu direito. Não é muito apropriado chamar este gênero de aquisição de aquisição por *prescrição (per praescriptionem)*; porque a exclusão não deve ser considerada senão como consequência do usucapião. É preciso que haja precedido a aquisição. Trata-se agora de provar a possibilidade dessa espécie de aquisição.

Aquele que exerce continuamente um *ato de posse (actus possessorius)* em relação a uma coisa exterior como sua é considerado em bom direito como um possuidor que não existe; porque não pode queixar-se da lesão, enquanto não se prevaleça de seu título de posse. E se mais adiante, quando outro tenha tomado já posse da coisa, se declara proprietário dela, é como se dissesse que foi seu proprietário em outro tempo, mas que agora não o é, e que sua posse não foi interrompida sem um ato legítimo contínuo. Somente, portanto, um ato de posse legítima contínua e apoiada em títulos pode conservar o seu de outro a despeito de um uso prolongado.

Porque, suponhamos que a negligência desse ato de posse não tenha por consequência que outro possa fundar em sua posse legítima e honrada (*possessio bonae fidei*) uma posse estável em direito (*possessio irrefragabilis*), e que a coisa que tem em sua posse não devesse ser considerada como adquirida por ele: não haveria nenhuma aquisição peremptória; todas seriam provisórias, porque a história não pode fazer remontar suas investigações até o primeiro possuidor e seu ato de aquisição. A pressuposição em que se funda o usucapião (*usucapio*) não é somente legal (*lícita, justa*) como *conjetura*, como também é justa (*praesumptio juris et de jure*) como suposição legal que pode obrigar (*suppositio legalis*). Aquele que não cuida de fazer constar a autenticidade de seu ato de posse perde o direito de fazer triunfar suas pretensões contra o possuidor atual para o qual esta longa negligência (que aqui não se pode nem se deve determinar) não passa de um motivo de certidão sobre o abandono da coisa. Porém, o que contradiz o postulado precedente da razão juridicamente prática é que um possuidor desconhecido até hoje, quando seu ato de posse foi interrompido (ainda que sem falta da sua parte), pode sempre reivindicar a coisa (*dominia rerum incerta facere*).

Contudo, se o proprietário é membro de uma república, isto é, se está em estado de sociedade, a lei pode garantir a ele sua posse (em tempo e lugar), ainda quando esta posse tenha sido interrompida como posse privada, sem que necessite apresentar seu título de aquisição nem se fundar no de usucapião. Mas no estado de natureza este último título é legítimo, não propriamente como meio de adquirir uma coisa, mas para se manter de posse desta coisa sem um ato jurídico; esta dispensa de toda reivindicação recebe também ordinariamente o nome de aquisição. A prescrição do possuidor mais antigo corresponde, pois, ao direito natural (*est juris naturae*).

II.
Direito de herança
(*acquisitio hereditatis*)

XXXIV.

A aquisição da herança é a translação do haver e dos bens de um que morre a outro que sobrevive pelo concurso de suas vontades. A aquisição do *herdeiro* (*heredis instituti*) e o abandono ou entrega do testador, ou mudança do meu e do teu têm lugar em um instante (*artículo mortis*), isto é, no momento preciso em que o testador deixa de existir. Não há, portanto, nenhuma translação no sentido empírico da palavra; a translação supõe dois atos sucessivos, a saber: um primeiro pelo qual se abandona a posse, e outro pelo qual ela é recolhida. Aqui, ao contrário, a aquisição é ideal. Visto que a aquisição de herança não pode ser concebida no estado de natureza sem *legado (dispositio ultimae voluntatis)* e visto que é questionável se existe um *contrato sucessório (pactum successorium)* ou uma *instituição unilateral de herança (testamentum)*; visto que é questionável também o saber se, e como, a translação do meu e do teu é possível naquele mesmo instante em que um indivíduo deixa de existir, a questão "como é possível o modo de adquirir por herança" deve ser estudada sem levar em conta as diferentes formas possíveis de transmissão da herança (usadas somente no estado de sociedade).

"É possível adquirir por testamento?" – Porque o testador *Caius* declara e promete em suas últimas vontades a *Titius,* que nada sabe dessa promessa, que seus bens devem passar a este em caso de morte; por conseguinte, enquanto vive ele é o único proprietário. Todavia, não se pode transmitir a outro nada tão só pela única e própria vontade de quem transmite; necessita-se também da aceitação pela outra parte da promessa e o concurso das vontades (*voluntas simultanea*), o que, entretanto, falta aqui; porque enquanto *Caius* vive, a aceitação de *Titius* não tem valor para adquirir; porque o testador prometeu tão somente em caso de morte (de outro modo a propriedade *in articulo mortis* seria comum, o que não constitui a vontade do testador). Todavia, *Titius* adquire tacitamente um direito particular, uma espécie de direito real sobre a herança; a saber, o direito de aceitar (*jus in re jacente*). Por isso, a herança no momento da morte se chama *hereditas jacens.* Agora, visto que todo homem (porque pode desta maneira adquirir, mas nunca perder) aceita necessariamente semelhante direito, por conseguinte também *Titius* tacitamente se encontra neste caso depois da morte de *Caius*, e pode, pela aceitação da promessa, adquirir a sucessão. E essa sucessão, durante esse tempo, não foi coisa de ninguém (*res nullius*); esteve unicamente *vaga (res vacua)*; porque *Titius* tinha somente o direito de opção entre aceitar ou não os bens que lhe deixavam.

Observação. Os testamentos são pois válidos, ainda segundo o direito natural *(sunt juris naturae)*. Esta máxima deve ser entendida no sentido de que os testamentos são suscetíveis de, e merecem, ser introduzidos e sancionados no estado civil (quando este chega a se estabelecer). Somente o estado civil (a vontade universal neste estado) conserva a posse da herança, durante o tempo que está como em suspenso entre a aceitação e a não aceitação sem pertencer propriamente a ninguém.

III.
Direito de deixar boa reputação depois da morte (*bona fama defuncti*)

XXXV.

Seria absurdo pensar que aquele que já não existe pudesse possuir alguma coisa depois de sua morte, se o que deixa fosse uma coisa. Todavia, o *bom nome* é um meu e teu exterior natural, embora puramente ideal, que acompanha o sujeito como pessoa. Posso e devo abster-me de investigar se esta pessoa deixa completamente de existir pela morte, ou se ainda vive como tal; porque, na relação jurídica, considero pura e simplesmente cada pessoa segundo sua humanidade, por conseguinte como *homem noumenon*, e portanto é prejudicial toda tentativa de manchar a reputação de outro depois de sua morte.

Entretanto, mesmo quando se pode muito bem acusar um morto indubitavelmente culpável, e sendo por conseguinte falso o princípio de *mortuis nihil nisi bene*, é pelo menos não liberal, a não ser com completa certeza do fato, denegrir um ausente que não possa se defender.

É bastante admirável, e contudo um fenômeno incontestável *a priori* da razão legisladora, que alcança com seus mandatos e proibições além dos limites da vida, que por uma vida irrepreensível terminada por uma morte sem vergonha, o homem adquira como algo seu, que subsiste depois dele, uma reputação (negativamente) boa de homem de bem, quando ele já não exista como homem fenomênico; e que os que sobrevivam a ele (parentes ou não) estejam autorizados pelo direito a defendê-lo (pelo fato de uma acusação não demonstrada, dirigida contra a memória de outro, os ameaçar com a mesma gravidade depois da morte dele). Quando se denigre a memória de um homem, imputando-lhe um crime, que o tivesse tornado infame ou somente desprezível em vida, qualquer um que possa provar a má intenção, a falsidade dessa acusação, tem o direito de denunciar publicamente como caluniador aquele que difama o morto, e por conseguinte o direito de acusá-lo de infâmia; direito que não teria, se não supusesse, com razão, que o morto recebeu a ofensa, mesmo morto, e que esta defesa o satisfez, ainda quando já não exista[14].

14 Disto não se deve deduzir supersticiosamente um pressentimento de vida futura, nem relações invisíveis entre as almas separadas dos corpos; trata-se aqui tão somente da relação puramente moral e jurídica que também ocorre entre os homens durante a vida. Mas os homens, considerados nesta vida mesma como seres inteligentes, isto é, fazendo *logicamente abstração* do que existe neles de físico (pertencente à existência no espaço e no tempo) sem despojá-los por isso de sua natureza física, sem convertê-los em espíritos puros, sentem o ultraje da calúnia. Aquele que daqui a cem anos fale mal de mim sem base na verdade, ofende-me desde agora; porque na relação do direito puro, que é inteiramente intelectual, há abstração de todas as condições físicas (do tempo), e o caluniador é tão culpável como se o dissesse durante a minha vida; não segundo um juízo criminal, mas tão somente em consequência de um juízo baseado na lei de talião, juízo pelo qual a opinião pública o faz sofrer a perda da honra que desejou arrebatar de outro. O próprio *plágio* que um autor comete em relação aos mortos,

O direito de assumir a defesa do morto não precisa ser demonstrado ao que se encarrega disso; todo homem o reivindica inevitavelmente como pertencente não só ao dever de virtude (moralmente considerado) como também, sobretudo, ao direito da humanidade em geral; e não há necessidade de nenhum prejuízo particular, pessoal, causado aos parentes pela mácula de infâmia lançada à memória do morto para autorizar quem quer que seja a produzir tal denúncia. É, pois, incontestável que essa aquisição ideal é um direito do homem depois de sua morte contra aqueles que lhe sobrevivem, ainda quando a propriedade desse direito não possa ser estabelecida perfeitamente.

embora na verdade não fira a honra desses mortos, mas unicamente os diminua em parte, é, contudo, castigado pelo direito como lesão cometida contra eles (furto de homem).

Capítulo III

Da aquisição subjetivamente condicionada pela sentença de uma jurisdição pública

XXXVI.
Que é a aquisição subjetivamente condicionada?

Se por direito natural se entende somente o direito cognoscível *a priori* pela razão humana, o direito não positivo, neste caso o direito natural, compreende não somente *a justiça* nas relações comerciais entre as pessoas *(justitia commutativa)*, como também a justiça distributiva (*justitia distributiva*), tal como segundo sua lei *a priori* se pode saber que terá de formular sua sentença *(sententia)*.

A pessoa moral que administra justiça é o *tribunal (forum)*, e o próprio fato de administrar justiça é o *juízo (judicium)*. Em tudo isso, portanto, só são consideradas as condições de direito *a priori* sem atender à maneira como esta constituição deve ser regulada e organizada, o que é objeto de estatutos especiais e que entram por conseguinte no domínio dos princípios empíricos.

A pergunta atual é, portanto, não somente *que é o direito em si,* como deve julgar cada homem em absoluto?, mas também que é o direito ante um tribunal, isto é, *que é o que se vai decidir?*

Há aqui *quatro* casos em cada um dos quais se apresentam juízos diferentes contrários, sem que sejam por isto inconciliáveis, como sendo produzidos sob dois pontos de vista diferentes, ambos verdadeiros em seu sentido: um desses juízos é conforme o direito privado, o outro é a Ideia do direito público. E são: 1º) *o contrato de doação;* 2º) *o comodato*; 3º) *a reivindicação*; 4º) o juramento (*juramentum)*.

Observação. Uma falta ordinária de *sub-repção* (*vitium subreptionis*) por parte dos jurisconsultos é considerar o princípio jurídico que um tribunal autoriza para invocar um assunto particular (por conseguinte sob um ponto de vista subjetivo), que até tem necessidade de invocar para regular o direito das partes em contenda, como um princípio de direito absoluto, como um princípio objetivo; o que, contudo, é muito diferente. É muito útil, portanto, fazer conhecer atentamente esta diferença específica.

A.
Do contrato de doação

XXXVII.

Este contrato *(donatio)*, por meio do qual *alieno gratuitamente* o meu, minha coisa (ou meu direito), contém uma relação de mim (doador) a outro (donatário), pela qual, segundo o *direito privado*, o meu passa ao donatário, mediante a aceitação do dom. Porém, não é de presumir que eu tenha querido ser obrigado por força do cumprimento de minha promessa, e, por conseguinte, também abandonar temerariamente minha *liberdade*, e, por assim dizer, renunciar a mim mesmo (*nemo suum jactare praesumitur*); o que, contudo, deveria em direito suceder no estado de sociedade porque neste estado o donatário pode *forçar-me* ao cumprimento de minha promessa. Seria então necessário, em justiça, isto é, segundo o direito público, presumir que o doador consinta em ser obrigado, o que é absurdo, ou então que o tribunal não tivesse em conta em sua sentença a questão de saber se o doador quis ou não se reservar a liberdade de faltar a sua promessa, nem fixasse sua atenção senão no certo, isto é, na promessa e na aceitação. Ainda quando aquele que promete, como se pode supor, tivesse pensado que, caso se arrependesse, antes da entrega da coisa prometida, de haver feito a promessa, não se poderia obrigá-lo; o juízo supõe, todavia, que tivesse expresso essa reserva, e que, se não a fez, pode ser obrigado a cumprir sua palavra. Isto é o que o tribunal estabelece como princípio; de outro modo a sentença seria muito difícil de pronunciar, ou porventura completamente impossível.

B.
Do comodato

XXXVIII.

O comodato (*commodatum*) é um contrato pelo qual concedo a outro o uso gratuito de alguma coisa que me pertence. Se o objeto emprestado por comodato é uma coisa, os contratantes convencionam que o comodatário devolverá essa *mesma* coisa ao comodante. O comodatário *(commodatarius)* não pode presumir ao mesmo tempo que tomo sobre mim todas as probabilidades *(casus)* da perda possível da coisa ou das propriedades pelas quais me é útil, perda que poderia resultar de haver posto a coisa nas mãos daquele a quem a empresto. Porque não é coisa corrente o emprestador, ao conceder o uso de sua coisa, e sofrer o detrimento que naturalmente resulta desse uso, ter também dispensado ao que recebe o empréstimo da *responsabilidade* de todas as perdas que pudessem resultar de haver abandonado o cuidado da coisa; seria, pois, necessário para isto um contrato particular. Cabe, portanto, somente indagar a quem dos dois, ao comodante ou ao comodatário, corresponde acrescer expressamente no contrato de comodato as cláusulas de responsabilidade; ou, se isto não basta, de quem se pode presumir o *consentimento* para a garantia da propriedade do que empresta (para a entrega da própria coisa ou do equivalente)? Não será o que empresta, porque não se pode presumir que haja concedido gratuitamente nada mais do que o uso da coisa (que se tenha obrigado, além disso, a responder por sua propriedade), mas, com muito mais razão de ser, o que recebe emprestado, já que nisto nada mais faz do que aquilo que está contido no próprio contrato.

Por exemplo, se durante uma tempestade, entro em uma casa e tomo emprestada uma capa e deixo que se manche de forma que não é mais possível limpá-la; ou se, enquanto me encontro em outra casa, a capa me é roubada, pareceria absurdo a todos eu dizer que nada tenho a fazer senão devolver a capa tal como se encontra ou denunciar o roubo cometido; que, em todo o caso, ainda seria cortês consolando o proprietário por tal perda, visto que não pode reclamar por seu direito. Outra coisa seria, se, ao pedir o uso da capa, solicitasse ao mesmo tempo ao dono que, em caso de a capa sofrer algum dano em minhas mãos, que ele cuidasse do reparo, levando em conta minha pobreza e incapacidade de reparar a perda. Ninguém consideraria este último caso inútil e ridículo, sob pretexto de que haveria então quase ofensa em presumir neste caso o perdão generoso de minha *dívida*.

Porém, quando nada tenha sido convencionado no contrato de comodato sobre o meu e o teu, se, como exige a natureza desse contrato, no caso de um acontecimento infeliz possível *(casus)*, num contrato incerto *(pactum incertum)*, porque o consentimento somente se presume; o juízo, que intervém nisto, isto é, a decisão que resolve a questão de saber sobre quem deve pesar a carga do acontecimento, será encaminhada não pelas circunstâncias do contrato em si, mas *somente* como *diante de um tribunal* que decide sempre de acordo com o que resulta certo (e o que existe de certo aqui é a posse da coisa como propriedade). Por conseguinte, a sentença no estado natural, isto é, segundo a natureza das coisas em si mesmas, decidirá que a perda por caso fortuito de uma coisa emprestada recaia sobre o *comodatário (casum sentit commodatarius)*. Ao contrário, no estado civil, por conseguinte, perante um tribunal, a sentença decidirá que a perda da coisa recaia sobre o *comodante (casum sentit dominus)*. Na verdade, esta sentença difere em princípio da sentença da razão somente porque um juiz público não pode se encarregar de pressuposições, sobre o que tenham pensado uma ou outra das partes, mas sim tem de resolver que aquele que não se libertou de todas as perdas da coisa emprestada, por uma cláusula especial, tem de sofrê-las.

A diferença entre o juízo, tal como deveria pronunciá-lo o tribunal, e o que pode pronunciar a razão privada de qualquer um é, pois, um ponto que não deve ser desconsiderado na retificação dos juízos de direito.

C.
Da reivindicação de uma coisa perdida (*vindicatio*)

XXXIX.

É evidente que uma coisa que é minha e que continua existindo prossegue sendo minha, mesmo quando eu não a ocupe continuamente e ainda sem nenhum ato de direito *(derelictionis vel alienationis)*, e que tenho um direito sobre essa coisa *(jus reale)*, portanto, contra *todo* ocupante e não somente contra uma pessoa determinada *(jus personale)*. Porém, trata-se de saber se esse direito pode ser considerado por todos os *demais* como propriedade minha duradoura em si, enquanto eu *não renunciar* a ela, e a coisa esteja de posse de outro.

Se se perde uma coisa *(res amissa)* e esta chega a mim por um terceiro de *boa-fé (bona fide)*, como achado presumido, ou em virtude de alienação solene pelo possuidor, que opera como proprietário, ainda que não o seja; pergunta-se se, não podendo adquirir uma coisa de um *não proprietário (a non domino)*, me verei despojado por esse injusto possuidor de todo direito sobre a coisa, sem que me reste senão um direito pessoal contra ele. É claro que se toma este último partido no caso em que se julga a aquisição unicamente segundo princípios internos, atributivos do direito de aquisição (no estado natural) e não segundo as apreciações de um tribunal.

Com efeito, tudo o que pode ser alienado pode ser adquirido por qualquer um. Mas a legitimidade da aquisição depende inteiramente das formas nas quais me é transmitido e aceito o que está de posse de outro, isto é, das solenidades de um ato jurídico de troca *(commutatio)* entre o possuidor da coisa e aquele que a adquire, sem que eu tenha obrigação de perguntar como este chegou a possuí-la, o que já seria uma injúria *(quilibet praesumitur bonus, donec etc.)*. Supondo, pois, que mais adiante se averigue que o vendedor não era o proprietário, mas que era outro, não posso dizer que este outro possa reclamar diretamente a mim (ou a qualquer ocupante de sua coisa); porque eu não lhe tirei nada; comprei legalmente (*titulo empti venditi*), por exemplo, o cavalo que estava à venda no mercado público. E, como o título da aquisição é da minha parte incontestável, e eu (como comprador) não estou obrigado, ainda mais, não tenho o direito de averiguar o título da posse de outro (do vendedor), visto que essa investigação em série ascendente nos levaria ao infinito; sou, assim, pela venda a justo título, não proprietário puramente *putativo*, mas sim verdadeiro proprietário do cavalo.

A isto se opõem os seguintes princípios de direito: toda aquisição daquele que não é proprietário de uma coisa *(a non domino)* é nula e de nenhum efeito: eu não posso adquirir do seu de outro mais direito do que aquele que ele mesmo tem, e mesmo quando pelo que diz respeito à forma de aquisição *(modus acquirendi)* proceda eu em tudo juridicamente, quando compro um cavalo roubado que se vende no mercado, não há contudo título de aquisição, porque o cavalo não era coisa do vendedor. Logo, mesmo quando eu tenha sido possuidor de *boa-fé*, sou apenas proprietário putativo (*dominus putativus)*, e o verdadeiro proprietário tem um direito de *reivindicação (rem suam vindicandi)*.

Se se pergunta o que (no estado natural) é de direito *em si* entre os homens segundo os princípios da justiça comutativa *(justitia commutativa)*, na aquisição das coisas exteriores, é preciso confessar que o que se encontra no caso precedente deve necessariamente informar-se se a coisa que quer adquirir pertence já a outro, caso em que, ainda quando haja observado com toda pontualidade as condições formais do traslado da coisa do seu de outro (e tenha comprado de acordo com as regras o cavalo na praça pública), e ademais tenha podido adquirir um *direito pessoal* com relação à coisa *(jus ad rem)* enquanto não sabe se outro (que não seja o vendedor) é o verdadeiro proprietário. De modo que, encontrando-se alguém que possa justificar sua propriedade passada, fiquem para o novo proprietário somente os benefícios que até este momento haja obtido, recolhido, como possuidor de boa-fé. Agora, como na sucessão dos proprietários putativos, que derivam seu direito uns dos outros, com frequência é impossível encontrar o absolutamente primeiro, nenhum comércio das coisas exteriores, por ajustado que possa estar às condições formais dessa espécie de justiça *(justitia commutativa)*, poderia proporcionar segurança a nenhuma aquisição.

Nisto a razão juridicamente legisladora coincide ainda, portanto, com o princípio da *justiça distributiva*, de ajustar-se à legitimidade da posse, não como ela seria julgada *em si* com relação à vontade privada de todos (no estado natural), mas somente como ela seria julgada ante um *tribunal* num estado resultante da reunião de todas as vontades (no estado civil). Neste caso, na falta de razões objetivas (que legitimem a passagem de uma coisa às mãos de um proprietário anterior em reclamação), tem-se por postulado e suficiente o cumprimento das condições subjetivas da aquisição, condições que por si mesmas se fundam tão somente num direito pessoal; e então um direito pessoal *em si, aduzido perante um tribunal*, é considerado como um direito real. Por exemplo, se um cavalo que é posto à venda pública no mercado estabelecido pela autoridade, observando-se com regularidade todas as condições da venda e da compra, passa a ser propriedade minha (porém de modo, todavia, que se deixe ao verdadeiro proprietário o direito de mover uma ação contra o vendedor pela posse anterior que não tenha devido perder), e meu direito, de pessoal, que em outro caso teria sido, se converteu num direito real, segundo o qual posso me apoderar, reivindicar minha coisa onde a encontre, sem me importar a maneira pela qual o vendedor a tenha adquirido.

Portanto, somente no interesse da sentença judicial emitida por um tribunal *(in favorem justitiae distributivae)* pode o direito com relação a uma coisa não *ser julgado tal como é em si mesmo* (como um direito pessoal), e sim como seja *mais fácil* e seguramente *julgado* (como direito real), sem deixar de se considerar e se tratar segundo um princípio puro *a priori*. Daqui nascem diferentes leis regulamentares, prescrições que têm principalmente por objeto as condições, sob as quais unicamente deve ser válido um modo de aquisição e sua disposição em termos *que o juiz possa muito facilmente e com segurança* reconhecer o seu de cada um. Por exemplo, na proposição "a venda rompe o arrendamento", o que, segundo a natureza do contrato, isto é, em si, é um direito real (o aluguel), é considerado puramente como um direito pessoal; e reciprocamente como no caso que precede, o que, por sua natureza, é um direito pessoal puro, é contemplado como um direito real, quando se pergunta de que princípios deve partir um tribunal no estado civil para sentenciar com mais segurança conforme o direito de todos.

D.
Da aquisição da garantia para uma prestação de juramento (*cautio juratoria*)

XL.

A única razão que se pode dar para obrigar juridicamente os homens a *crer* e a professar a existência de um Deus é esta: que possam prestar juramento, e que se vejam necessitados de ser verdadeiros em suas afirmações e fiéis em suas promessas pelo temor a um poder supremo que tudo sabe, e cuja cólera suscitariam faltando à verdade. Desta maneira não se confia na moralidade daqueles que prestam juramento, mas unicamente em sua cega superstição, visto que nenhuma garantia se pode esperar nos assuntos de direito de uma *simples* e *solene* declaração perante o juiz, por mais que haja dever de veracidade, quando se trata do mais santo dos homens (seu direito). Tampouco se conta, portanto, com o princípio moral de determinação, que se creem garantias imaginárias na falta das reais; por exemplo, os *Rejangs*, povos pagãos de Sumatra, os quais, segundo o testemunho de Marsden, juram pelos ossos de seus parentes defuntos, embora não acreditem numa vida futura. Outro exemplo é o juramento dos *negros da Guiné* por seus *fetiches*, e até pela pena de um pássaro, pedindo-lhe que lhes rompa a cabeça etc. Acreditam que haja uma potência invisível, dotada ou não de razão, a qual goza por sua natureza de uma força mágica cujo efeito se excita por meio de uma invocação. Tal crença, chamada de religião, mas que propriamente deveria ser chamada de superstição, é, entretanto, indispensável à administração da justiça, porque, se prescindíssemos dela, o *tribunal* não teria meios suficientes para descobrir os fatos ocultos e administrar justiça. É portanto evidente que uma lei que obrigue a essa crença tem por objetivo favorecer o poder judicial.

Contudo, pode-se perguntar: em que se funda a obrigação ante o juiz de aceitar o juramento de outro como prova de bom direito, como prova da verdade de sua afirmação, e como meio de pôr fim a toda controvérsia; isto é, o que me obriga juridicamente a crer que outro homem, o que jura, professa verdadeiramente uma religião para que eu consinta que meu direito dependa de seu juramento? E, reciprocamente: "Posso realmente ser obrigado a jurar?" Uma e outra coisa são em si injustas.

Mas em relação a um tribunal, por conseguinte, no estado social, considerando que não há outros meios em certos casos para conhecer a verdade senão o juramento, terá de supor que todos têm uma religião, a fim de fazê-lo servir como um meio extremo (*in casu necessitatis*) no procedimento judicial, ante um *tribunal*, o qual para descobrir o que ignora crê poder recorrer a esta tortura do espírito *(tortura spiritualis)* como um meio pronto e completamente conforme à inclinação dos homens à superstição.

No entanto, o poder legislativo opera em princípio injustamente quando concede esta faculdade ao poder judicial, porque mesmo no estado civil a exigência do juramento é contrária à inviolável liberdade humana.

Observação. Se os juramentos que se prestam ao tomar posse de um emprego, nos quais comumente *se promete* ter a firme resolução de cumprir com seu dever, se convertessem em juramentos *afirmativos*, de modo por exemplo que, depois de haver ocupado um emprego durante um ou vários anos, tivesse de jurar haver cumprido fielmente os deveres de seu cargo, a religião teria mais eficácia que os juramentos de promessa, os quais deixam sempre o pretexto interior, de que não previram, mesmo com a melhor boa vontade, os obstáculos que logo surgiram; e as infrações dos deveres produziriam também maior temor de uma acusação, se se tivesse de dar ante um censor conta geral de seus atos, que se estes fossem acusados um a um, individualmente (sem levar em conta os precedentes). Quanto ao juramento relativo à *fé (de credulitate)*, um juiz jamais pode exigir. Em primeiro lugar, porque encerra em si uma contradição: o intervalo entre a opinião e a certeza, porque há coisas sobre as quais se pode *disputar*, mas não *jurar*. Em segundo lugar, o juiz que exige das partes este juramento, a fim de encontrar algo que o ajude em sua intenção, ainda quando se trate do bem público, comete um grave erro com relação à religião daqueles que juram, em razão da agilidade de espírito que requer este juramento, seja em razão do remorso que um homem pode experimentar quando, a partir de um

ponto de vista, julgue muito verossímil uma coisa que, no dia seguinte e sob outro aspecto, possa parecer-lhe inverossímil; de forma que o juiz comete injustiça com aquele a quem obriga a prestar semelhante juramento.

Transmissão do Meu e do Teu no estado natural ao Meu e o Teu no estado de sociedade em geral

XLI.

O estado jurídico é aquela relação dos homens entre si que contém as condições únicas sob as quais cada qual pode *participar* de seu direito. O princípio formal da possibilidade desse estado, considerado segundo a Ideia da vontade universalmente legislativa, se chama justiça pública. Essa justiça pode distinguir-se, segundo a possibilidade, a atualidade e a necessidade da posse legal de um objeto (como matéria do arbítrio), em justiça *protetora* (*justitia tutatrix*), *comutativa* (*justitia commutativa*) e *distributiva* (*justitia distributiva*). Sob o *primeiro* ponto de vista, a lei julga somente qual é a conduta intrinsecamente *justa* quanto à forma *(lex justi)*. Sob o *segundo*, a lei declara o que, como matéria, é suscetível de uma lei exterior (cai sob a lei); isto é, o que se pode possuir *juridicamente (lex juridica)*. Finalmente, sob o *terceiro*, declara o que, e com respeito a que, a sentença de um tribunal, num caso particular sob uma lei dada, está conforme essa lei; isto é, o que é *de direito, quid juris (lex justitiae):* e então também este tribunal se chama *justiça* de meu país. A existência ou a não existência de semelhante justiça é a questão mais importante entre todas as que se referem à administração da justiça.

O estado não jurídico, isto é, aquele em que não há nenhuma justiça distributiva, é chamado de estado natural *(status natu-*

ralis). A este estado se opõe não o estado social (como crê Achenwal), que se poderia chamar de um estado artificial *(status artificialis)*, mas sim o estado *civil (status civilis)*, submetido à justiça distributiva; porque no próprio *estado natural* pode haver sociedades legítimas (por exemplo, a sociedade conjugal, paternal, doméstica em geral e outras várias), com relação às quais não cabe esta lei *a priori*: "Tu deves entrar neste estado", como se pode dizer do estado *jurídico* que todos os homens, cujas relações podem ser jurídicas (ainda que involuntariamente), *devem* entrar nele.

O primeiro e o segundo desses estados podem ser chamados de estados de *direito privado*; e o terceiro e último, de estado de *direito público*. Este não compreende nada mais, isto é, outros deveres dos homens entre si, senão os deveres que cabe imaginar naquele: a matéria do direito privado é a mesma para ambos. As leis deste último estado, portanto, referem-se unicamente à forma jurídica da vida comum (a constituição), e por este conceito essas leis devem necessariamente ser consideradas como públicas.

A própria *união civil (unio civilis)* apenas pode ser chamada de *sociedade*: porque entre o *soberano (imperans)* e o *súdito (subditus)* não existe comunidade de fortuna, não existe sociedade; não estão associados, mas *subordinados* e não *coordenados* um ao outro. Os que se coordenam reciprocamente deveriam ser considerados por esta razão como iguais entre si, enquanto submetidos às leis comuns. Esta união *produz* – mais do que *é* – uma sociedade.

XLII.
Postulado do direito público

Do direito privado no estado natural resulta um postulado de direito público: "Tu deves juntamente com os demais, na relação de uma coexistência necessária, sair do estado natural para entrar em um estado de direito, isto é, estado de uma justiça distributiva". A razão pode ser deduzida analiticamente da noção do *direito* nas relações exteriores por oposição à violência *(violentia).*

Ninguém tem obrigação de se abster da violência com respeito à posse de outro, se este, por sua vez, não oferecer garantias de se abster também. Não deve portanto esperar por conhecer, talvez por triste experiência, a vontade contrária deste, porque como há de estar obrigado a ser prudente à sua custa, quando pode observar muito bem em si mesmo a inclinação geral dos homens em dominar os demais (isto sem falar da superioridade do direito dos demais quando se creem mais poderosos ou mais astutos)? Não há, pois, necessidade de esperar as hostilidades reais; tem o direito de forçar aquele que por sua natureza o ameaça já com a violência. *(Quilibet praesumitur malus donec securitatem dederit oppositi.)*

Decididos os homens a permanecer neste estado de liberdade exterior ilimitada, não são injustos *uns com os outros* se fazem a guerra; porque, o que um pode, reciprocamente pode o outro também, como por convênio *(uti partes de jure suo disponunt, ita jus est);* porém, não têm razão[15], nem muito menos, ao querer continuar num estado que não é jurídico, isto é, no qual ninguém está seguro do seu contra a violência.

---

15 Esta diferença entre o que é injusto pela forma somente e o que também o é materialmente é de uso frequente e variado na ciência do Direito. O inimigo que, em lugar de cumprir com lealdade a palavra que deu à guarnição de uma praça sitiada, a oprime à sua saída, ou rompe o contrato de qualquer outra maneira, não pode queixar-se de injustiça se seu adversário, quando encontrar oportunidade, fizer o mesmo; contudo, pecam soberanamente, porque privam de toda sua eficácia a noção de direito, entregam tudo à força bruta com uma aparência de legalidade e transtornam por completo o direito dos homens em geral.

Segunda Parte

Direito Público

Seção I.
DO DIREITO DE CIDADANIA

XLIII.
Direito público

O conjunto das leis, as quais exigem uma promulgação geral para produzir um estado jurídico, constitui o *direito público.* O direito público, portanto, é um sistema de leis para um povo, isto é, para uma multidão de homens, ou para uma multidão de povos que, constituídos de maneira tal a exercerem uns sobre os outros uma mútua influência, têm necessidade de um estado jurídico que os reúna sob uma influência única; isto é, de uma *constituição,* a fim de serem partícipes no direito. Este estado de relação mútua dos particulares reunidos num povo chama-se *estado civil (status civilis)*; e o todo desse estado em relação a seus próprios membros chama-se *cidade (civitas)*. A cidade, por causa de sua forma (encontrando-se unidos os cidadãos por interesse comum de se manter no estado jurídico), chama-se em um sentido mais amplo *coisa pública (res publica, latius sic dicta)*. Porém, com relação aos outros povos, chama-se simplesmente uma *potência*. Daqui a palavra *potentado*. Um povo com relação a outro chama-se também uma *nação (gens)*, devido a sua pretensão à união hereditária. Isto leva a conceber, pela noção geral de direito público, não pura e simplesmente o direito da cidade como também um direito das nações *(jus gentium)*. Daqui dois pontos de vista necessários, *o direito das gentes (jus gentium)* ou o direito *cosmopolítico* ou de cidadão do mundo *(jus cosmopoliticum)*, pelo fato de a terra não ser infinita, mas uma superfície em si mesma limitada. De modo que, se o princípio que deve circunscrever a liberdade exterior por meio de leis falta a qualquer uma dessas três formas possíveis do estado jurídico, o edifício legal das outras duas se arruinará inevitavelmente e acabará por desmoronar.

XLIV.
Estado de ilegitimidade

Certamente não tomamos da experiência que os homens tenham por máxima a violência e que sua maldade os leve inevitavelmente a se fazer guerra antes de haver constituído um poder legislativo exterior. Não é, pois, um fato, na verdade, que torna necessária a violência pública ou legal. Entretanto, por bons e amantes do direito que possamos supor os homens, a ideia racional *a priori* de semelhante estado (não jurídico) implica a da falta de segurança contra a violência antes de os homens terem se reunido em povos, os povos em Estado e os Estados numa grande nação, isto é, antes de se haverem constituído num estado puramente jurídico. De outra maneira ninguém teria a certeza de poder fazer, em virtude de seu próprio direito,*o que parece justo e bom*, e de não depender nisso da opinião de outrem. Por conseguinte, o primeiro princípio que deve ser decretado, se o homem não quer renunciar a todas as suas noções de direito, é o seguinte: "É preciso sair do estado natural, no qual cada um age em função de seus próprios caprichos, e convencionar com todos os demais (cujo comércio é inevitável) em submeter-se a uma limitação exterior, publicamente acordada, e por conseguinte entrar num estado em que tudo o que deve ser reconhecido como o seu de cada qual é determinado *pela lei* e atribuído a cada um por um *poder* suficiente, que não é o do indivíduo e sim um poder exterior. Em outros termos, é preciso antes de tudo entrar num estado civil".

Na verdade, não por isto o estado natural deveria ser um estado de *injustiça (injustus)*, no qual os homens unicamente se tratassem segundo a medida exclusiva de suas forças; porém, é ao menos um estado de *justiça negativa (status justitiae vacuus)*, no qual, se o direito fosse *controvertido*, não haveria juiz competente para ditar uma sentença legítima em virtude da qual cada um pudesse obrigar o outro a sair desse estado de guerra e fazê-lo entrar num estado jurídico. Com efeito, ainda que, segundo as *noções de direito* de cada um, se pode adquirir por ocupação ou por contrato algo exterior, esta aquisição não é, todavia, nada mais que *provisória*, enquanto lhe falte a sanção da lei pública, porque não está determinada por nenhuma justiça pública (distributiva) e não está garantida por nenhuma potência que exerça o direito.

Observação: Se antes de entrar no estado civil não se quisesse reconhecer nenhuma aquisição como legítima, nem provisoriamente, este estado seria, por sua vez, impossível. Porque no que se refere à forma as leis contêm sobre o meu e o teu no estado natural o que prescrevem no civil concebido somente segundo as noções da razão pura. Existe, todavia, a exceção de que no estado civil se dão as condições segundo as quais deve ser executada a lei natural de conformidade com a justiça distributiva. Se não houvesse meu e teu exterior no estado natural, ao menos provisoriamente, não haveria nenhum dever de direito sob esta relação, nem, portanto, nenhuma obrigação de sair desse estado.

XLV.
O Estado

Uma cidade *(civitas)* é a reunião de um número maior ou menor de homens sob leis de direito. Enquanto estas leis, como leis *a priori*, são necessárias, isto é, derivam espontaneamente em geral (e não por via de disposição legislativa) da noção do direito exterior, a forma da cidade é de uma cidade em geral, isto é, a cidade *em Ideia*, como deve ser segundo os princípios de direito puro. Esta ideia serve de regra *(norma)* para cada reunião efetiva em república (por conseguinte ao interior).

Cada cidade encerra em si três *poderes*, isto é, a vontade universalmente conjunta numa pessoa tripla *(trias politica)*: o *poder soberano (soberania)* na pessoa do legislador, o poder *executivo* (segundo a lei) na pessoa do governo e o poder *judicial* (como reconhecimento de o meu de cada qual segundo a lei) na pessoa do juiz *(potestas legislatoria, rectoria et judiciaria)*. Isto corresponde às três proposições de um raciocínio prático: à maior, ou princípios, que contém a *Lei* de uma vontade; à menor, que contém o *preceito* de conduta em consequência da lei, isto é, o princípio da subordinação à lei; e, enfim, à conclusão que contém a *sentença*, ou o que é de direito nos diferentes casos.

XLVI.
Poder legislativo

O poder legislativo somente pode pertencer à vontade coletiva do povo. E, visto que dele deve proceder todo direito, não deve absolutamente poder causar injustiça a ninguém por suas leis. Ora, se alguém ordena algo contra *outro*, é sempre possível que lhe faça injustiça; porém, nunca no que decreta para si mesmo (porque *volenti non fit injuria*). Por conseguinte, a vontade concordante e conjunta de todos, enquanto cada um decide para todos e todos para cada um, isto é, a vontade coletiva do povo, pode unicamente ser legisladora.

Os membros reunidos de tal sociedade *(societas civilis)*, isto é, de uma cidade para a legislação, chamam-se *cidadãos (cives)* e seus atributos jurídicos inseparáveis de sua natureza de cidadão são: primeiro, a Liberdade legal de não obedecer a nenhuma outra lei além daquelas a que tenham dado seu sufrágio; segundo, a Igualdade civil, que tem por objeto o não reconhecer entre o povo nenhum superior além daquele que tem a faculdade moral de obrigar juridicamente da mesma maneira que, por sua vez, pode ser obrigado; terceiro, o atributo da Independência civil, que consiste em ser devedor de sua existência e de sua conservação, como membro da república, não ao arbítrio de outro no povo mas sim aos seus próprios direitos e faculdades, e por conseguinte em que a personalidade civil não possa ser representada por nenhum outro nos assuntos de direito.

Observação. A faculdade do sufrágio por si só constitui o cidadão. Essa faculdade supõe no povo a independência daquele que quer não somente fazer parte da república, mas também ser membro ativo, isto é, tomar parte no comunidade, dependendo tão somente de sua própria vontade. Esta última qualidade torna necessária a distinção entre o cidadão *ativo* e o cidadão *passivo*, ainda que a noção deste último pareça contradizer a definição da noção do cidadão em geral. Os exemplos seguintes servirão para eliminar toda dificuldade. O rapaz empregado na casa de um comerciante ou fabricante, o serviçal que não está a serviço do Estado, o *pupilo (naturaliter, vel civiliter)*; todas as mulheres, e em geral qualquer um que se encontre compelido a prover sua existência, não por meio de uma direção pessoal, mas segundo as ordens de outro (exceto do Estado), carece de personalidade civil e sua existência não é de maneira alguma senão um acessório da de outro. O lenhador que estabeleço em minhas propriedades; o ferreiro na Índia, que vai de casa em casa com seu martelo, sua bigorna e seu fole para trabalhar o ferro, assim como o carpinteiro ou o veterinário europeu que pode pôr à venda em praça pública o produto de seu trabalho; o professor doméstico, bem como o professor de ginástica, o censatário rústico, assim como o arrendatário etc. são simples operários da coisa pública porque devem ser mandados e protegidos por outros indivíduos, e assim não gozam de nenhuma independência civil.

Esta dependência com respeito à vontade de outro, esta dificuldade, não é, todavia, oposta à liberdade e à igualdade daqueles que, *como homens*, formam juntos um mesmo povo. E mais: é muito favorável à formação da cidade e à constituição civil. Porém, nem todos podem gozar igualmente, nesta constituição, do direito do sufrágio, isto é, ser cidadãos e não simplesmente associados civis. Porque pelo fato de poderem pedir que sejam tratados por todos os demais segundo as leis da liberdade e da igualdade natural, como partes *passivas* do Estado, não lhes resulta o direito de agir também na cidade como membros ativos, isto é, o direito de organizar o Estado, ou de concorrer para a formação de certas leis: seu direito consiste em que as leis positivas que votam, qualquer que seja o seu objeto, não sejam jamais contrárias à liberdade natural e a essa igualdade proporcional de todos no povo que permite a cada um trabalhar para elevar-se da condição passiva à condição ativa.

XLVII.
Contrato original

Estes três poderes na cidade são dignidades, e, como derivam necessariamente da Ideia de uma cidade em geral, como essenciais ao seu estabelecimento (constituição), são *dignidades políticas.* Compreendem a relação de um *superior universal* (que, segundo as leis da liberdade, só pode ser o povo reunido) com os elementos da multidão desse mesmo povo como *sujeito*, isto é, a relação do *chefe (imperans)* ao *subordinado (subditus).* O ato pelo qual o povo se constitui em uma cidade, e, propriamente, a simples Ideia desse ato, segundo a qual se pode unicamente conceber a legitimidade do próprio ato, é o *contrato primitivo*, segundo o qual todos *(omnes et singuli)* se desprendem de sua liberdade exterior diante do *povo* para tornar a recobrá-la no novo instante como membros de uma república, isto é, na qualidade de membros de uma comunidade ou do povo como cidade. E não se pode dizer que a cidade, que o homem em sociedade tenha sacrificado a um fim *uma parte* de sua liberdade exterior natural; mas sim que deixou inteiramente sua liberdade selvagem e sem freio para encontrar toda a sua liberdade na dependência legal, isto é, no estado jurídico; porque esta dependência é o fato de sua vontade legislativa própria.

XLVIII.
Relação dos três poderes no Estado

Os três poderes na cidade são, portanto, entre si: *em primeiro lugar*, como outras tantas pessoas morais coordenadas entre si *(potestates coordinatae)*; isto é, que uma é o complemento da outra para a organização perfeita da constituição do Estado *(complementum ad sufficientiam).* Em segundo, são também *subordinados* entre si *(subordinatae)*, de modo que um não pode, ao mesmo tempo, usurpar a função do outro ao qual presta seu concurso, mas tem seu princípio próprio; isto é, na verdade, como se residisse na qualidade de uma pessoa particular, mas que manda, todavia, sob a condição da vontade de um superior. *Em terceiro*, o direito de cada sujeito lhe é resultante da reunião dessas duas coisas (a coordenação e a subordinação dos poderes).

É preciso dizer desses três poderes, considerados em sua dignidade, que a vontade do legislador (*legislatoris*) com respeito ao que concerne ao meu e o teu exterior é irrepreensível; que o poder executivo do *governo (summi rectoris)* é *irresistível* e que a sentença do *juiz* supremo *(supremi judicis)* é *sem apelação.*

XLIX.
Poder executivo

O *Governador do Estado (rex, princeps)* é a pessoa (moral ou física) que está investida do poder executivo (*potestas executoria*). É o *agente* do Estado: institui os magistrados, dá ao povo as regras segundo as quais cada um possa adquirir ou conservar alguma coisa no estado conforme a lei (por aplicação a um caso particular sob essa lei). Considerado como pessoa moral chama-se *governo (directorium)*. Suas *ordens* ao povo, aos magistrados e aos seus ministros, encarregados da *administração do Estado (gubernatio)*, são ordens-decretos (*não leis*), porque têm por objeto decidir num caso particular, e podem mudar. Um governo que fosse ao mesmo tempo legislador seria chamado de *despótico*, por oposição ao governo *patriótico*, pelo qual é necessário entender não um governo *paternal (regimen paternale)*, o mais despótico de todos (sendo ali tratados os cidadãos como crianças), e sim um governo em que a própria cidade *(civitas)* trate seus indivíduos como membros de uma família, sem dúvida *(regimen civitatis et patriae)*, porém ao mesmo tempo como cidadãos, isto é, segundo as leis de sua própria independência; um governo em que cada um se possui a si mesmo e não depende da vontade absoluta de outro, seja este outro seu igual ou seu superior, a seu lado, ou sobre ele.

Assim, o preceptor do povo (o legislador) não pode ser ao mesmo tempo seu *governador*; porque este está submetido à lei, é obrigado por ela, portanto à virtude de outro, do soberano. O soberano pode tirar o poder do governador, depor o governador, reformar sua administração, mas não *puni-lo*; e a máxima usada na Inglaterra o prova: o rei, isto é, o poder executivo supremo, não pode agir mal. Se o poder executivo pudesse ser punido, seria preciso que o fosse por si mesmo, visto que a ele pertence especialmente à faculdade de compelir legalmente. Haveria, pois, contradição se fosse ele mesmo capaz de ser compelido.

Enfim, o que manda e o que governa não podem *julgar*, mas tão somente instituir juízes como magistrados. O povo julga a si mesmo por aqueles seus concidadãos que são livremente eleitos e que são como seus representantes, porém somente em cada ato particular para que foram nomeados, porque a sentença é um ato particular da justiça pública *(justitiae distributivae)* por um administrador público (juiz ou tribunal) relativamente a um sujeito, isto é, a um indivíduo que forme parte do povo. Este administrador não está, por conseguinte, revestido de nenhum poder para decidir (atribuir por juízo) o que corresponde a esse indivíduo. Visto que cada um no povo, segundo essa relação (à autoridade), é puramente passivo, aquele que manda e aquele que governa poderiam, decidindo sobre um assunto em caso de questão do seu de cada um, cometer uma injustiça, porque o povo não interviria para declarar se um cidadão é *culpado* ou *não culpado*. O tribunal deve, no assunto, aplicar a lei ao descobrimento do fato e por meio do poder executivo poder dar a cada um o que é seu. O povo, portanto, somente pode julgar por seus delegados (o jurado), ainda que de uma maneira mediata somente, todo indivíduo no seu seio. Estaria abaixo da dignidade do príncipe fazer-se de juiz, isto é, colocar-se na possibilidade de cometer uma injustiça e expor-se assim a uma apelação (*a rege male informato ad regem melius informandum*).

Há, pois, três poderes diferentes (*potestas legislatoria, executoria, judiciaria*), pelos quais a cidade tem sua autonomia, isto é, forma-se e conserva-se segundo as leis de liberdade. Em sua reunião consiste a salvação do Estado *(salus rei publicae suprema lex est)*; não deve ser entendido por isto *o bem* dos cidadãos e sua *felicidade*; porque esta felicidade pode muito bem (como afirma Rousseau) encontrar-se muito mais doce e mais desejável no estado natural ou ainda mais sob um governo despótico; não, a salvação pública consiste na maior conveniência da constituição com os princípios do direito, como um estado, ao qual a razão, por um imperativo *categórico*, nos obriga a aspirar.

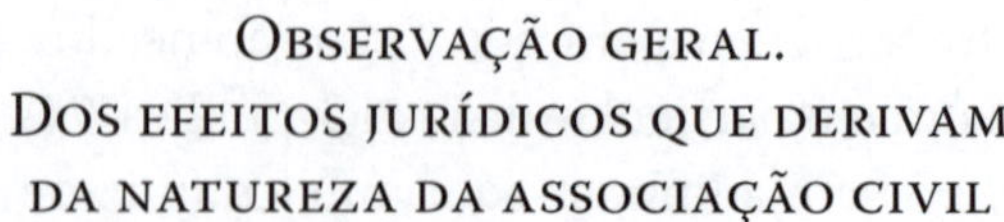

Observação geral.
Dos efeitos jurídicos que derivam da natureza da associação civil

A.
Para o poder supremo como chefe do Estado

A origem do poder supremo é *inescrutável*, sob o ponto de vista prático, para o povo que está submetido a ele; isto é, o súdito não *deve raciocinar* praticamente sobre essa origem, como sobre um direito controvertido *(jus controversum)* com respeito à obediência que lhe deve. Porque, visto que o povo, para julgar validamente do poder soberano de um Estado *(summum imperium)*, deve já ser considerado como reunido sob uma vontade legislativa universal, não pode nem deve julgar de outra maneira senão daquela que agrade ao poder soberano existente *(summus imperans)*.

Que tenha ocorrido um verdadeiro contrato primitivo de submissão civil *(pactum subjectionis civilis)* a esse poder, ou que o poder tenha precedido e que a lei não tenha chegado senão mais tarde; ou que devesse suceder assim: tudo isto, para o povo – que já está submetido à lei civil –, são disputas vãs e todavia perigosas para o Estado. Porque, se o súdito que investiga hoje esta última origem quisesse resistir à autoridade existente, deveria ser punido com toda a razão, expulso ou desterrado (como proscrito, *ex lex*) em nome das leis dessa autoridade. Uma lei tão santa (inviolável) que, mesmo que seja um crime na prática pô-la em dúvida, e por conseguinte impedir seu efeito por um só instante, é concebida de tal maneira que não deve ser contemplada como procedente dos homens, mas sim de algum legislador muito grande, muito íntegro e muito santo; e tal é o sentido da máxima: "Toda autoridade procede de Deus", máxima que enuncia não já um *princípio* histórico da constituição civil, mas sim uma Ideia como princípio da razão prática, a saber: que é preciso obedecer ao poder legislativo atual, não importa qual sua origem. Daqui provém o princípio: o soberano da cidade tem em relação aos súditos somente direitos, não deveres (de coação); ademais, se o órgão do soberano, *o governante,* agisse contra as leis, por exemplo, em matéria de impostos, de quintas etc., contra a lei da igualdade na distribuição dos ônus públicos, o súdito poderia interpor *queixas (grava-mina)* contra essa injustiça, porém jamais qualquer resistência.

Não pode haver nenhum artigo na constituição que conceda a um poder do Estado o direito de se opor ao soberano no caso de este violar a constituição – por conseguinte, o direito de reprimir. Com efeito, aquele que deve reprimir deve ter mais ou pelo menos tanto poder quanto aquele que é reprimido.

Como um dono legítimo que ordenasse aos seus a resistência, deve também poder *defendê-los* e julgá-los validamente sucedendo o que deseja; deve portanto poder ordenar publicamente a resistência. Porém, então não é aquele a quem possa resistir o soberano, mas sim aquele que pode ordenar a resistência, o que é contraditório. O soberano age por meio de seus ministros ao mesmo tempo como governante, por conseguinte despoticamente, e o prestígio de deixar o povo representar por seus deputados o poder restritivo (visto que com efeito o povo não tem propriamente mais que o poder legislativo) não pode dissimular o despotismo de tal maneira que não seja visível pelos meios que empregam os ministros. O povo, que é representado por seus deputados (no Parlamento), possui nestes guardiões de sua liberdade e de seus direitos homens que estão vivamente interessados neles e em suas famílias (cuja carreira nas armas, na marinha e nos empregos civis depende do ministro), e que, em lugar de resistir aos empreendimentos do governo (resistência sobre a qual a opinião pública, para manifestar-se, exige já por parte do povo uma resolução unânime, a qual não pode existir em tempo de paz), estão sempre mais dispostos a apoiar o governo. Uma constituição que pusesse tal freio ao poder executivo seria, pois, vã como constituição de direito público interno e, longe de fazer parte do direito, não seria mais que um princípio de prudência destinado não a agravar mais a influência arbitrária de um poder transgressor dos direitos do povo sobre o governo, mas sim a disfarçá-la sob a aparência de uma oposição permitida ao povo.

Não há, assim, contra o poder legislativo, soberano da cidade, nenhuma resistência legítima da parte do povo; porque um estado jurídico somente é possível pela submissão à vontade universal legislativa; nenhum direito de sedição *(seditio)*, menos ainda de rebelião *(rebellio)*, pertence a todos contra ele como pessoa singular ou individual *(o monarca)*, sob pretexto de uso abusivo do seu poder *(tyrannus)*. A violência exercida em sua pessoa, por conseguinte, o atentado à vida do príncipe *(monarcho-machismus sub specie tyranicidii)* não é permitido. A mais leve tentativa desse gênero é um crime de *alta traição (proditio eminens)*; e um traidor dessa natureza deve ser punido com a pena de morte, como culpado de haver desejado matar seus *pais* (parricida). A razão do dever, em que se acha o povo ao suportar até o abuso do poder soberano declarado insuportável, consiste no fato de que a sublevação contra o poder legislativo soberano deve sempre ser considerada como contrária à lei, e mesmo como subversiva de toda constituição legal. Para que a sublevação fosse permitida, seria preciso haver uma lei pública que a autorizasse. Mas, neste caso, a legislação suprema encerraria em si uma disposição segundo a qual não seria soberana, e o povo, como súdito, num mesmo e único juízo se constituiria soberano daquele a quem está submetido, o que é contraditório. Esta contradição é flagrante, se alguém fizer a seguinte reflexão: quem, pois, deveria ser juiz na contenda entre o povo e o soberano? (Porque são, contudo, sempre juridicamente considerados, duas pessoas morais diferentes.) É evidente que aqui o primeiro quer ser juiz em sua própria causa[16].

16 A queda de um monarca pode ser vista como uma abdicação voluntária da coroa e um abandono do poder, ou como uma abdicação forçada, ainda que sem violência, exercida sobre sua pessoa suprema, porém em virtude da qual o soberano se encontra reduzido à condição de simples particular. Se este crime do povo pode ter sua desculpa no *direito de necessidade (casus necessitatis)*, jamais, ao menos, haveria razões para punir o príncipe, *por mais levemente que fosse*, por sua administração passada, porque tudo que fez anteriormente como príncipe deve ser visto como extrinsecamente justo; e ele próprio, como a fonte das leis, não pode fazer nada injusto. O regicídio não é o maior de todos os crimes do transtorno de um Estado pela sublevação; porque se pode supor que é o efeito do temor em que se encontra o povo, temor de que se o príncipe vive, recordará sua queda, caso em que retornará ao poder e punirá o povo como este merece; de maneira que então o regicídio não é uma medida penal, mas sim um simples ato de conservação de si mesmo por parte do povo. O homem imbuído das ideias do direito se horroriza com a dupla recordação dos regicídios solenes de Carlos I e Luís XVI. Entretanto, qual é a razão desse sentimento, que não é um sentimento estético (que não é uma questão de simpatia, um efeito da imaginação supondo-se em lugar do paciente), senão um sentimento moral que resulta da ideia do transtorno de todas as noções do direito? Consiste em que se considera este crime como imortal e inexpiável (*crimen immortale inexpiabile*), semelhante àqueles pecados sobre os quais os teólogos se pronunciam como sendo

Por conseguinte, a alteração de uma constituição pública (*viciosa*), que algumas vezes poderia ser necessária, só pode ocorrer por meio do próprio soberano, de uma *reforma* e não por meio do povo; não deve ser feita, pois, pela revolução. Se, contudo, esta acontecesse, somente poderia atingir o *poder executivo*, não o legislativo. Na constituição de um Estado, organizado de tal forma que o povo, por meio de seus representantes, possa legitimamente *resistir* ao soberano e a seus

---

irremissíveis neste mundo e no outro. A explicação desse fenômeno do espírito humano parece derivar das reflexões seguintes sobre si mesmo, reflexões que lançam também alguma luz sobre os princípios jurídicos da cidade.

Toda transgressão da lei não pode nem deve ser explicada senão como derivada de uma máxima do criminoso (a de dar-se esse crime por regra); porque, caso derivasse de algum impulso sensível, não seria cometido por ele em sua qualidade de ser *livre* e não poderia lhe ser imputado. Porém, como é possível que o súdito adote tal máxima contra a ordem expressa da razão legislativa? Isto é o que não se pode explicar, porque só os acontecimentos que ocorrem como consequência do mecanismo da natureza podem ser explicados. Ora, o malfeitor pode cometer seu crime ou segundo a máxima de uma regra objetiva adotada (como universalmente válida), ou somente como uma exceção à regra (para livrar-se ocasionalmente dela). No *último caso, o que faz é tão somente desviar-se* da regra (ainda que com intenção); pode, ao mesmo tempo, abominar sua própria transgressão, sem querer formalmente recusar-se a obedecer a lei, mas tão somente burlá-la. No *primeiro* caso, pelo contrário, despreza a própria autoridade da lei, cujo valor, todavia, não pode negar aos olhos da razão, e se dá como regra o agir contra a lei; sua máxima não é, pois, somente oposta *negativamente* à lei, é também oposta *positivamente*, ou, como se diz, *diametralmente.* É completamente incrível, é impossível que os homens cometam um crime por pura malícia, sem levar em consideração alguma utilidade que esperam; e, contudo, ainda que pura Ideia de uma absoluta perversidade, essa malícia não deve ser omitida num sistema de filosofia moral.

A causa do horror ao pensamento da morte solene de um príncipe por *seu povo* consiste em que o *homicídio* não deve ser considerado senão como uma exceção à regra que aquele povo teria tomado por máxima, enquanto que a *execução* de um rei deve aparecer como um completo transtorno dos princípios da relação entre o soberano e seu povo (que se constitui em senhor, fazendo-o devedor de sua existência legal); de sorte que a violência marcha alta à frente, se erige em princípio acima do mais santo de todos os direitos e pode ser comparada a um abismo sem fundo. Este atentado da cidade cometido sobre si mesma parece ser um crime inexpiável, irremissível. É necessário portanto admitir a razão segundo a qual a adesão a tal execução não deriva realmente de um princípio reputado como jurídico, mas sim do temor de um vingança possível, quando a cidade voltar a renascer. Parece, pois, que este aparato de justiça só tenha sido imaginado para dar ao crime a aparência do castigo, e por conseguinte a aparência de um *procedimento jurídico* (desta maneira não haveria homicídio): paliativo impotente, visto que tal usurpação do povo seria pior que o próprio regicídio, já que encerraria um princípio que tornaria impossível o renascimento da cidade destruída.

agentes e ministros – constituição que toma então o nome de constituição limitada –, não há, todavia, uma resistência ativa (da parte do povo arbitrariamente reunido para compelir o governo a uma certa ação, portanto, ainda que para produzir um ato de poder executivo), mas tão somente uma resistência *negativa* do povo, isto é, uma negativa do povo *em Parlamento*. Esta resistência permite, assim, não consentir sempre com todas as demandas que o governo faz em nome do Estado. Se tais demandas jamais encontrassem oposição, seria um sinal certo da depravação do povo e da venalidade de seus representantes, do despotismo do príncipe no controle de seus ministros, os quais, por sua vez, trairiam o povo.

Ademais, sucede-se uma revolução e se estabelece uma constituição nova, a injustiça desse princípio e fim dessa constituição não pode dispensar ninguém da obrigação de submeter-se à nova ordem de coisas como bons cidadãos, e não podem deixar de obedecer à autoridade soberana que está então no poder. O príncipe destronado (que sobrevivesse à revolução) não pode ser acusado por sua administração anterior, e menos ainda punido, se posto na condição de simples cidadão prefere sua tranquilidade e a do Estado às contingências de deixar seu país esperando recuperar o poder, seja por meio de uma contrarrevolução surdamente trabalhada, seja ajudado por potências estrangeiras. Se preferir esta última opção, seu direito permanecerá íntegro, porque a sedição que o derrubou era injusta. Porém, a questão de saber se as potências estrangeiras têm o direito de se aliar em favor desse príncipe destronado, para não deixar sem vingança o crime desse povo sublevado e para não sofrer um escândalo para todos os outros povos, e por conseguinte, se podem ser solicitados e autorizados ao retorno a sua antiga constituição, isto em relação a um povo que tenha adotado outra nova após a revolução, esta questão, digo, pertence ao direito de gentes.

B.
Para o mesmo poder como proprietário eminente do território

O chefe do Estado pode ser considerado como proprietário eminente (do solo) ou somente como chefe supremo do povo. Visto que o solo é a suprema condição, sob a qual unicamente é possível ter como sua uma coisa exterior, cuja posse e uso possível constituem o primeiro direito que pode ser adquirido (o da propriedade), todo direito análogo deverá ser derivado do soberano como *dono do país*, ou melhor, como *proprietário eminente (dominus territorii)*. O povo, como multidão de súditos, lhe pertence também (é seu povo): não que o possua como sua propriedade (por direito real), mas o possui no sentido de ser seu chefe supremo (ou por direito pessoal). Entretanto, essa propriedade soberana é tão somente um ideal, que serve para fazer compreender, segundo noções jurídicas, a união civil como união necessária à propriedade privada de todos os possuidores entre o povo sob um possuidor universal público, a fim de determinar por esse meio a propriedade particular, não segundo os princípios da *agregação* (que procede empiricamente da parte ao todo), mas segundo o princípio formal necessário *da divisão* (repartição do território), segundo noções de direito. Segundo essas noções, o proprietário soberano não pode ter terras como propriedade privada (porque neste caso se converteria em pessoa privada). A propriedade privada só pode convir ao povo (e não coletivamente considerado, mas sim distributivamente). É preciso, todavia, excetuar um povo no estado nômade, caso em que não há lugar para nenhuma propriedade privada de uma terra. O soberano não pode então ter para seu uso privado, para a manutenção de sua corte, nenhuma *herdade*, isto é, terras, porque então dependeria de seus caprichos ampliar sua propriedade como desejasse, e o Estado se veria no perigo de ver passar toda a propriedade do

território às mãos do governo, e todos os súditos como *adscritos à gleba (glebae adscripti)*, como simples possuidores daquilo de que outro seria sempre o proprietário; por conseguinte, como privados de toda liberdade (*servi*). O príncipe só pode chamar-se possuidor de si mesmo; porque, se tivesse como proprietário qualquer coisa ao lado de outro na cidade, poderia ter com ele qualquer litígio que ninguém estaria na condição de julgar. Porém, pode-se dizer também que *possui tudo*; porque tem autoridade soberana sobre o povo (direito a dar a cada um o seu), ao qual pertencem todas as coisas exteriores *(divisim)*.

Não pode assim haver nenhuma corporação no Estado, nenhuma profissão, nenhuma ordem que como proprietário possa transmitir o simples usufruto de um fundo às gerações sucessivas (até o infinito), por qualquer estatuto que seja. O Estado pode abolir a qualquer tempo tais corporações, mas somente sob a condição de indenizar os sobreviventes. Uma *ordem de cavalaria* (como corpo-ração, ou ainda como simples distinção de particulares, sobretudo de pessoas com títulos), a ordem *clerical* que se chama Igreja, não podem jamais, pelos privilégios de que gozam, adquirir a propriedade de um fundo para seus sucessores, a não ser para uso provisório. Os bens das ordens militares de uma parte, os das igrejas, de outra, podem ser-lhes retirados sem temor, porém sempre sob a condição precedente, a saber: quando a opinião pública chega a mudar acerca dos meios seja de defender o Estado por meio de *instituições militares privilegiadas*, à falta do patriotismo da população, seja de preservar os homens do fogo eterno por meio de missas de sétimo dia, orações e várias outras práticas. Aqueles que experimentaram essa reforma não podem se queixar que lhe tenham tirado sua propriedade, pois o princípio de sua posse não se fundou até ali senão na *opinião do povo* e deveria prevalecer enquanto esta durasse. Tão logo esta opinião tenha desaparecido entre os homens justamente

considerados e que têm uma espécie de direito de regular a dos demais, esta pretendida propriedade deverá cessar como se fosse por uma apelação apresentada ante o Estado (*a rege male informato, ad regem melius informandum*).

Sobre este domínio territorial primitivamente adquirido se funda o direito do soberano, como proprietário supremo (dono do país), de *impor* aos proprietários particulares do solo, isto é, exigir o imposto territorial, pessoal, de entrada ou de circulação, ou a prestação de serviços (tal como o recrutamento das tropas para o serviço militar), de tal maneira, todavia, que o povo se imponha a si mesmo, porque é a única maneira de fazê-lo legalmente, se a lei é a obra dos deputados da nação. O empréstimo forçoso (ou extralegal) forma também parte do direito de soberania; porém nos casos extraordinários, como, por exemplo, se o Estado se encontrasse ameaçado de ruína.

O direito que rege a economia pública, a Fazenda e a polícia não tem outro fundamento. Este último se refere à *segurança* pública, à *comodidade* e à *decência*, para impedir que o sentimento do decoro (*sensus decori*), como gosto negativo, seja sufocado pela mendicidade, pelo tumulto das praças públicas, pela prostituição (*venus vulgivaga*), e torne assim mais fácil a tarefa de governar o povo por meio de leis.

À conservação do Estado pertence, todavia, uma terceira coisa: o direito de *inspeção (jus inspectionis)*, isto é, nenhuma sociedade secreta (de iluminados, políticos ou religiosos) ou que possa ter alguma influência sobre o bem público da sociedade (*publicum*) lhe deve ser ocultada; e que, se a polícia assim o exigir, os estatutos dessas sociedades lhe devem ser comunicados. No entanto, as visitas domiciliares não devem ocorrer mais que em caso de necessidade e com a permissão especial da autoridade superior para cada caso particular.

C.
Para o mesmo dono absoluto dos estabelecimentos piedosos

Ao soberano corresponde *indiretamente*, como encarregado do dever do povo, o direito de impor ao mesmo para sua própria conservação, por exemplo, no interesse dos *pobres*, dos *asilos de beneficência* e da *Igreja*.

A vontade universal do povo se reúne efetivamente para uma sociedade que deve ser conservada perpetuamente e se submete, em consequência, ao poder público interno, para conservar os membros dessa sociedade que não se bastam a si mesmos. Em virtude da forma social unicamente, o governo tem o direito de obrigar os ricos a facilitar meios de subsistência àqueles que carecem do indispensável para satisfazer as mais imperiosas necessidades da natureza, porque os ricos colocaram sua existência sob a proteção do Estado, porque se comprometeram a prover as necessidades da coisa pública, e porque nessa obrigação funda o Estado seu direito de fazer servir seus bens para a conservação de seus concidadãos. Ora, isto não é possível senão pela imposição da propriedade dos cidadãos ou de seu comércio, ou por meio dos juros de um capital destinado, não às necessidades do Estado (porque este é rico), mas sim às necessidades do povo. Estas contribuições podem portanto se converter em obrigatórias como cargas do Estado; não devem ser percebidas como simples contribuições *voluntárias* (porque se trata aqui do direito do Estado contra o povo), em cujo número se devem contar algumas especulações interessadas (como as loterias, que fazem mais pobres gravando sobre a propriedade pública que os que haveria em outro caso, as quais portanto deveriam ser proibidas). Trata-se agora de saber se os pobres devem ser sustentados por *contribuições passageiras*, de tal sorte que cada geração alimente os seus, ou se devem ser sustentados por rendas sucessivamente

acumuladas e sobretudo por legados *piedosos* (tais como casas de viúvas, hospitais etc.), sem autorizar, ademais, no primeiro caso a mendicidade, que é parente do roubo, porém recorrendo a um imposto legal. Esta primeira medida deve ser vista como conforme ao direito do Estado, direito ao qual não pode subtrair-se qualquer um que tenha do que viver; não faz da pobreza uma profissão para os preguiçosos (que é de se temer nas fundações piedosas), porque os recursos não aumentam com o número dos indigentes e o Governo não faz pesar sobre o povo uma carga injusta.

Quanto à conservação das crianças abandonadas por necessidade ou por vergonha e quanto às crianças que perecem pelas mesmas razões, o Estado tem o direito de impor ao povo o dever de não deixar perecer diante da consciência esse infeliz incremento da força pública. Ainda não se pôde resolver, sem faltar ao direito ou à moral, a questão de saber como se deve socorrer essas crianças; se é impondo aos velhos celibatários de um e outro sexo (bem entendido, os celibatários ricos), como àqueles que são em parte os autores dessas crianças, a construção e manutenção de hospitais, ou de qualquer outra maneira (apenas se encontre meio).

Sendo uma verdadeira necessidade pública o considerar a Igreja, que se deve distinguir cuidadosamente da religião, como sentimento interior completamente fora da esfera de ação do poder civil (como instituição do culto público para o povo que a estabeleceu por opinião ou por convicção), como sujeito de um poder supremo *invisível*, ao qual é preciso render homenagem, e podendo muitas vezes encontrar-se em conflito com o poder civil, ainda que as forças fossem muito desiguais – o Estado tem o direito, não na verdade de formar a Igreja a sua maneira, por uma legislação constitucional interna que se acreditasse a mais conveniente, nem de prescrever ao povo sua fé e suas formas religiosas *(ritus)*, ou de impô-las (o que se deve deixar completamente para os doutores, para os chefes espirituais aos quais o povo se tenha entregue livremente), mas tão somente por um direito *negativo*, de afastar a influência eclesiástica sobre a república política visível e, por conseguinte, de não sofrer por meio de uma querela intestina ou nas dissensões das diferentes Igrejas que se ponha em perigo a concórdia civil, o que, como se vê, é tão somente um direito de polícia. Está *sob a dignidade* do poder soberano o intervir na fé que deve ter uma Igreja, em fazê-la permanecer fiel invariavelmente e impedir que se reforme; porque nisto, como numa controvérsia escolástica, o monarca (fazendo-se também sacerdote) põe-se em pé de igualdade com seus súditos, que podem dizer-lhe sem circunlóquios que nada entendem disso; sobretudo no que concerne ao último ponto, isto é, à proibição de uma reforma interior. Porque, o que o povo inteiro não pode mandar sobre si mesmo, o legislador tampouco pode decretá-lo em relação ao povo. Ora, nenhum povo pode decidir que nos conhecimentos (as declarações) que pertencem a sua fé não se irá jamais mais longe e, por conseguinte, também que nunca haverá reforma relativamente aos assuntos religiosos; semelhante decisão seria contrária à humanidade em sua própria pessoa e, por conseguinte, ao direito soberano da humanidade. Assim, nenhum magistrado supremo pode decidir nada semelhante com relação ao povo. Os gastos de manutenção da sociedade religiosa não podem, pela mesma razão, passar a ser encargo do Estado; devem pesar sobre a parte do povo que professa esta ou aquela fé, isto é, somente sobre a sociedade religiosa.

D.
Da distribuição dos empregos e dignidades

O direito do soberano no Estado tem também por objeto: 1º) a distribuição dos *empregos* como missão assalariada; 2º) as dignidades que são somente honoríficas como elevação de condição sem salário algum, isto é, a hierarquia dos superiores (para o mando) com relação aos inferiores (que, embora livres e unicamente obrigados pelas leis públicas, estão, todavia, destinados a obedecer aos superiores); e 3º) além desse direito (direito relativamente benéfico), o de punir.

Quanto aos empregos civis, apresenta-se aqui a questão prévia de saber se o soberano tem o direito de separar alguém da função que lhe haja concedido de bom grado (sem haver, ademais, malversação por parte do funcionário). Eu digo que não. Porque o que a vontade do povo não resolveria com relação aos seus empregados civis, o príncipio não pode decretar. Ora, o povo (que deve dividir os gastos que resultem da nomeação de um funcionário) quer, sem dúvida alguma, que este funcionário seja capaz de cumprir as tarefas do emprego que lhe é confiado; o que só pode suceder por uma preparação durante um tempo suficiente e por um estudo, pelo qual deixa de aprender outras coisas que teriam podido servir-lhe para obter com que viver. Se não fosse assim, os empregos estariam ocupados por pessoas que não teriam nem as capacidades necessárias, nem a experiência necessária, o que é contra o objeto da sociedade. É igualmente conforme tal objeto que cada um possa subir de um emprego inferior para um superior (sem o que os empregos cairiam em mãos inábeis), como também que o funcionário possa esperar meios de existência para o resto de sua vida.

Quanto àquela *dignidade* que faz daquele que a possui um membro de condição superior, ainda sem que esteja revestido de algum cargo particular, constitui a *nobreza*. A nobreza difere da condição civil em que se encontra o povo, e se comunica pelo nascimento à posteridade masculina, de tal sorte, todavia, que uma mulher nobre de nascimento, casada com um homem plebeu, não o faz participar de sua condição, mas cai, pelo contrário, ela própria, na ordem puramente civil (do povo). Cabe perguntar agora: o príncipe pode constituir de direito uma nobreza ou ordem média *hereditária* entre ele e o resto dos cidadãos? Não se trata nesta questão de saber se há prudência por parte do príncipe, seja devido a sua própria utilidade, seja devido à do povo, em instituir uma condição de pessoas que, na verdade, são súditos; porém, com relação ao povo, nascem com *direito* ao *mando* (ou, ao menos, privilegiadas), mas isto somente se essa instituição for conforme o direito do povo. A resposta a esta questão depende, como no caso da precedente, do seguinte princípio: "Tudo que o povo (a massa inteira dos súditos) não pode decretar acerca de si mesmo e de seus coassociados, tampouco pode o príncipe em relação ao povo". Ora, a nobreza *hereditária* é uma classe que caminha diante do mérito, o que faz supor, sem a menor razão, que todo nobre herda o mérito de seus antecessores. É evidente que se o antecessor tinha mérito, não pôde fazê-lo passar por herança a sua posteridade, mas sim que seus descendentes devessem adquirir sempre o mérito para si mesmos, visto que o talento e a vontade, que tornam possíveis os serviços ao Estado, *provêm* da natureza e não do *nascimento*. Ora, como ninguém deve abandonar sua própria *liberdade*, é impossível que a vontade geral do povo ajude com seus sufrágios uma prerrogativa tão destituída de fundamento; o soberano não pode, pois, fazê-la valer. Todavia, se tal anomalia tivesse aparecido na organização de uma sociedade desde os tempos antigos (do feudalismo quase exclusivamente organizado para a guerra), anomalia tal que os súditos desejam ser mais que cidadãos, isto é, querem ser funcionários natos (como se disséssemos um professor nato): o Estado não pode corrigir esta falta, esta injustiça, senão pela extinção das famílias privilegiadas. De modo que existe um direito provisório de deixar subsistir essa dignidade quanto ao título até que na opinião pública a distinção em soberano, nobreza e povo tenha deixado o campo à divisão natural, em soberano e povo somente.

Nenhum homem pode carecer, no Estado, de toda dignidade, porque teria, pelo menos, a de cidadão; exceto quando

a haja perdido por algum *crime* e esteja no número dos vivos convertido no puro instrumento da vontade de outro (seja do Estado, seja de um cidadão). Ora, aquele que se converteu em instrumento de um cidadão (o que só pode ocorrer por juízo e justiça) é *escravo* no sentido estrito e forma parte da propriedade de outro, o qual não somente é seu senhor *(herus)* como também seu *proprietário (dominus)*, podendo aliená-lo como uma coisa e servir-se dele como lhe agrade (exceto com fins vergonhosos) e *dispor* de suas *forças*, porém não de sua vida e seus membros. Ninguém pode, por meio de um contrato, obrigar-se a uma dependência pela qual cesse de ser uma pessoa; porque somente na qualidade de tal pessoa pode-se contratar. Parece, na verdade, que um homem possa obrigar-se para com outro por meio de um contrato de servidão (mediante salário, alimentos ou proteção) a certos trabalhos permitidos por sua natureza, porém *indeterminados* quanto ao grau, e portanto não ser mais que súdito *(subjectus)* e não escravo; todavia, é falsa esta aparência. Porque se o dono tivesse o direito de empregar as forças daquele que está submetido a sua vontade, assim como também de esgotá-las, até que sobreviesse a morte ou até o desespero (tal como sucede com os negros nos engenhos de açúcar), isto não poderia ocorrer senão entregando-se o cativo como propriedade ao seu dono, o que é impossível.

Não se pode, pois, contrair obrigação a não ser de trabalhos determinados em quantidade e qualidade, seja como trabalhador por jornada, seja como pessoa que possua.

Neste último caso, pode haver arrendamento, enfiteuse ou contrato temporal e o arrendador pode, segundo o convênio, pagar censo determinado ou dedicar seu trabalho a um fundo para a utilidade que disto retire, sem fazer-se por isto *escravo da gleba (glebae adscriptus)* – o que o faria perder sua personalidade. Porém, ainda quando alguém tivesse chegado a ser *pessoalmente* súdito por seu crime, tal servidão não pode ser hereditária: o filho de um escravo não pode ser reduzido à escravidão pelos gastos de sua educação, porque esta é um dever natural absoluto dos pais. E, no caso de aqueles serem escravos, é um dever de seus donos, ao tomarem posse deles, se encarregarem também de sua alimentação e educação.

E.
Do direito de punir e de perdoar

I. *Do direito de punir*

O direito de punir é o direito que tem o soberano de atingir o súdito dolorosamente devido à transgressão da lei. O chefe supremo de um Estado não pode, pois, ser punido; pode-se somente recusar seu domínio. A transgressão da lei pública, que torna aquele que a comete indigno do direito de cidadania, chama-se *crime* pura e simplesmente, *crime privado* ou *crime público*. O crime puro e simples é tratado perante a justiça civil, o crime público perante a justiça criminal.

O desvio de dinheiro ou de mercadorias confiadas com um objetivo comercial, o dolo na compra e na venda, são crimes privados. Ao contrário, a fabricação de moeda falsa, a falsificação dos selos do Estado, o roubo e o saque são crimes públicos porque põem em perigo já não só uma pessoa, mas também a coisa comum. Os crimes poderiam ser classificados segundo o caráter *abjeto (indolis abjectae) ou* enérgico e *violento (indolis violentae)* que presidiu sua perpetração.

A pena jurídica *(poena forensis)*, que difere da pena natural *(poena naturalis)*, pela qual o vício leva em si seu próprio castigo e à qual o legislador não olha sob nenhum aspecto, não pode nunca ser aplicada como um simples meio de se obter um outro bem, nem ainda em benefício do culpado ou da sociedade; deve, sim, ser sempre contra o culpado *pela única razão de que delinquiu;* porque jamais um homem pode ser tomado por instrumento dos desígnios de outro nem ser contado no número das coisas como objeto de direito real; sua personalidade natural inata o garante contra tal ultraje, mesmo quando possa ser condenado a perder a personalidade civil. O malfeitor deve ser julgado *digno de punição* antes que se tenha pensado em extrair de sua pena alguma utilidade para ele ou para seus concidadãos. A lei penal é um imperativo categórico; e infeliz é aquele que se arrasta pelo caminho tortuoso do eudemonismo para encontrar algo que, pela vantagem que se possa tirar, descarrega-se do culpado, em todo ou em parte, das penas que merece segundo o provérbio farisaico: "Mais vale a morte de um *só homem* que a perda de todo o povo"; porque, quando a justiça é desconhecida, os homens não têm razão de ser sobre a Terra. Que se deve, pois, pensar do desígnio de conservar a vida de um criminoso que mereceu a morte, se se presta a experiências perigosas e tem sorte suficiente para safar-se delas são e salvo, supondo, todavia, que os médicos desta maneira obtêm um conhecimento proveitoso para a humanidade? Um tribunal afastaria com desprezo uma equipe médica que apresentasse tal sugestão, porque a justiça deixa de ser justiça a partir do momento em que se dá por um preço qualquer.

Entretanto, que espécie e que grau de punição deve colocar a justiça pública como princípio e como regra?

Só pode ser o princípio de igualdade apreciado na balança da justiça, com inclinação equilibrada. Por conseguinte, o mal imerecido que fazes a outro de teu povo o fazes a ti mesmo: se o desonras, desonras a ti mesmo; se o roubas, roubas a ti mesmo; se o maltratas ou o matas, maltratas ou matas a ti mesmo. Há somente o direito de *talião (jus talionis)* que possa proporcionar determinadamente a qualidade e a quantidade da pena, porém com a condição bem entendida de ser apreciada por um tribunal (não pelo juízo privado); todos os demais direitos são móveis e não podem concordar com a sentença de uma justiça pura e estrita, devido às considerações estranhas que com ela se misturam. Pareceria, talvez, que a diferença de condição não permite a aplicação do princípio de talião de igual para igual. Entretanto, se não é literalmente possível, o é, contudo, quanto ao efeito, quer dizer, relativamente ou quanto à maneira diferente de sentir daqueles que estão mais elevados. Assim, por exemplo, não há nenhuma relação entre a multa e a ofensa por injúrias verbais, porque aquele que tem muito dinheiro poderia, numa ocasião ou outra, permitir-se esse tipo de injúria como passatempo. Porém, a contrariedade que se pode fazer experimentar no orgulho pode igualar a ofensa inferida por ele à honra de outro; por exemplo, se o juiz o condenar não somente a dar satisfação em público, como também a beijar a mão do ofendido, ainda quando o creia muito inferior a si mesmo. Do mesmo modo, se um nobre de caráter violento maltratasse injustamente um cidadão de condição inferior, poderia ser condenado não só a uma prisão solitária e incômoda, como também a dar-lhe uma reparação de honra. Desta forma ele seria punido até em sua sensibilidade moral, em sua vaidade; de tal sorte que o princípio de igualdade ficaria restabelecido. Porém, o que significa *se tu roubas, tu te roubas?* Isto: que aquele que rouba compromete a segurança da posse de todos os demais e por conseguinte se priva assim, segundo o direito de talião, da garantia de toda propriedade possível; não tem nada, não pode adquirir nada e contudo quer viver, o que só é possível na medida em que os outros o alimentem. Porém, como o Estado não quer alimentá-lo gratuitamente, é mister conceder-lhe que tem o direito de fazer uso das forças do ladrão em trabalhos úteis à sociedade e por um certo tempo, segundo as circunstâncias, ou relegá-lo para sempre à condição dos escravos. Se, pelo contrário, o criminoso causou uma morte, ele também deve *morrer*. Não existe aqui nenhuma comutação capaz de satisfazer a justiça. Não há nenhuma identidade entre uma vida plena de trabalho e a morte; por conseguinte, nenhuma igual-

dade entre o crime e a pena a não ser pela morte do culpado; porém, por sua morte pronunciada em justiça e separada de todo tipo de maus tratamentos que pudessem tornar horrível a natureza humana no paciente. O que se deve acrescer é que se a sociedade civil chega a dissolver-se por consentimento de todos os seus membros, como se, por exemplo, um povo que habitasse uma ilha se decidisse a abandoná-la e se dispersar, o último assassino preso deveria ser morto antes da dissolução a fim de que cada um sofresse a pena de seu crime e para que o crime de homicídio não recaísse sobre o povo que descuidasse da imposição dessa punição; porque então poderia ser considerado como cúmplice de tal violação pública da justiça.

Esta igualdade das penas, que não é possível segundo o direito estrito de talião a não ser pela sentença do juiz que condena à morte com convicção, se revela no fato de que o juízo capital é o único que sentencia sobre todos proporcionalmente à *maldade interna do criminoso*, mesmo no próprio caso em que não se tratasse de um homicídio, mas sim de qualquer outro crime de Estado punido com a morte. Suponhamos que, como na última revolução que houve na Escócia e na qual muitos daqueles que participaram (como Balmerino e outros) acreditavam que, sublevando-se, cumpriam um dever em relação à casa dos Stuart, enquanto outros, pelo contrário, estavam animados tão somente por considerações pessoais, o juiz supremo tivesse pronunciado esta sentença: "Cada um de vós tem a liberdade de escolher entre a pena de morte e a das minas"; eu digo que o homem de honra teria escolhido a morte e somente o homem sem dignidade escolheria a pena das minas. Assim o quer a natureza do espírito humano. Porque o primeiro conhece algo mais precioso para ele que a própria vida, *a honra*, enquanto o outro prefere uma vida cheia de opróbrios à inexistência (*animan praeferre pudori. Juvenal*). Ora, sem contradição, o primeiro é menos punível que o segundo, de tal modo que são punidos proporcional-

mente por uma morte igualmente decretada contra cada um deles; o primeiro com mais doçura segundo ele, e o segundo mais severamente, também segundo ele. Em contrapartida, se a pena aplicada fosse somente a das minas, o primeiro seria castigado mais duramente que o segundo que, todavia, havia cometido um crime abjeto. Logo, neste mesmo caso em que se trata de sentenciar a respeito da culpabilidade de muitos conjurados, a *morte* é o melhor nível que a justiça pública pode aplicar. Jamais ouviu-se dizer que os condenados à morte por homicídio se tenham queixado de que a pena excedesse ao delito e que fora injusta; e mais, não se creria que falam com convicção, ainda quando o dissessem. Para proscrever a pena de morte seria necessário admitir que, mesmo quando a lei não seja injusta em relação ao culpado a quem condena a padecer, o legislador não pode, todavia, aplicar esse gênero de pena; ou, se a aplica, está em contradição consigo mesmo.

Devem ser punidos com a morte todos os assassinos e todos que hajam ordenado semelhante crime ou tenham sido cúmplices. Assim o pede a justiça considerada como Ideia do poder judicial, segundo leis gerais fundadas *a priori*. Porém, se o número dos cúmplices (*correi*) de um crime é tão grande que o Estado, para se desfazer de todos os criminosos, tivesse de matar todos os seus indivíduos e não quisesse, contudo, dissolver-se, isto é, passar ao estado natural (estado bem pior, a propósito, que o precedente, visto que é destituído de toda justiça exterior), e não quisesse, sobretudo, embotar a sensibilidade do povo com um espetáculo sangrento, o soberano deveria ter então o direito de manifestar junto ao juiz este caso de necessidade *(casus necessitatis)* e dar uma sentença que aplicasse uma pena que não fosse a de morte, por exemplo, a deportação, conservando assim a vida da multidão. Entretanto, esta comutação de pena não pode ter lugar segundo uma lei pública, mas somente por meio de um decreto superior, isto é, por um ato do direito de majestade, ato que não pode perdoar a pena a não ser em casos particulares somente.

O marquês de Beccaria, por um sentimento de humanidade mal-entendido *(compassibilitas)*, pensou, contrariamente àquela opinião, que toda pena de morte é *injusta* pela razão de que não pode, de acordo com ele, estar compreendida no contrato civil primitivo; e isto, porque teria sido preciso que cada um tivesse consentido em perder a vida, se, por acaso, chegasse a matar algum cidadão. Ora, diz, tal consentimento é impossível, visto que ninguém pode dispor da própria vida. Tudo isto não passa de sofisma e falsa concepção do direito.

Ninguém é punido por haver querido a *pena*, mas por haver querido a *ação punível*; porque se sucede a alguém o que quer, não pode ser isso uma pena e é impossível querer ser castigado. Dizer: eu quero ser punido se mato alguém, é dizer: submeto-me com todos os demais cidadãos às leis, que naturalmente serão leis penais, se há culpados no povo. Eu, como colegislador que decreta a *lei penal*, não posso ser a mesma pessoa que como súdito se encontra punido segundo a lei; porque nesta última qualidade, isto é, como culpado, é impossível que tenha voto na elaboração das leis (o legislador é santo).

Quando, pois, aplico uma lei penal contra mim, como culpado, é em mim *(homo noumenon)* uma pura razão, juridicamente legislativa, a que me submete à lei penal como pessoa capaz de delinquir, e, por conseguinte, como outra pessoa *(homo phaenomenon)* com todos os homens reunidos civilmente. Em outros termos: não é o povo (cada um dos indivíduos que o compõe), mas o tribunal (a justiça pública), portanto alguém que não é o malfeitor, quem pronuncia a pena de morte; e o contrato social não contém, de maneira alguma, a promessa de se fazer punir e, assim, de dispor de si mesmo e de sua vida. Porque se a promessa do *criminoso*, de *querer* deixar-se punir, devesse servir de base ao direito de punir, seria mister também deixar ao culpado o direito de reconhecer-se digno da pena, sendo assim seu próprio juiz. O ponto capital do erro desse sofisma consiste em que o juízo próprio do culpado (juízo que deve atribuir-se à sua razão), de dever ser privado da vida, é visto como uma resolução da *vontade* de privar-se ele mesmo da vida e representa, assim reunidos em uma só e mesma pessoa, a execução e o juízo do direito.

Há, contudo, dois crimes dignos de morte, com relação aos quais se pode duvidar se a legislação tem direito de aplicar essa pena. O sentimento da honra conduz os dois. Trata-se da *honra do sexo* e da *honra militar;* verdadeira honra que convém a estas duas classes de pessoas como um dever. O primeiro delito é o *infanticídio (infanticidium maternale)*; o segundo, *a morte de um companheiro de armas (commilitonicidium),* o *duelo.* Visto que a legislação não pode apagar a mancha de uma maternidade fora do matrimônio, tampouco a que por suspeita de covardia recai sobre um oficial subalterno, que não opõe à afronta recebida uma força pessoal superior ao temor à morte; parece que o homem se encontra no estado natural e que o *homicídio,* que neste caso nem mesmo deveria chamar-se *homicídio (homicidium dolosum),* merece em ambos os casos ser punido, porém não pode ser punido com a morte pelo poder supremo. A criança nascida fora do matrimônio é uma criança fora da lei (porque aqui a lei quer dizer matrimônio); por conseguinte é uma criança nascida fora da proteção da lei. Insinuou-se na república como uma mercadoria proibida, de modo que a república pode muito bem ignorar sua existência, visto que não deveria razoavelmente existir assim. Sua destruição e a ignomínia da mãe que a concebeu fora do matrimônio pareceriam não poder ser objeto de nenhuma lei. O oficial subalterno que recebe uma afronta se vê obrigado, pela opinião pública daqueles de sua profissão, a dar uma satisfação, não pela lei perante os tribunais, mas em um *combate singular,* no qual se expõe ele mesmo a perder a vida para dar prova de valor como da coisa sobre a qual repousa essencialmente

a honra de sua profissão, mesmo quando devesse resultar na morte de seu adversário. Esta morte assim recebida em um combate que ocorre publicamente e com consentimento de ambas as partes, embora também com seu pesar, não pode ser chamada de *homicídio (homicidium dolosum). Quid juris,* pois, nestes dois casos (no que diz respeito à justiça criminal)? Esta justiça encontra-se aqui colocada no compromisso muito grave ou de declarar pela lei vã e inútil a noção da honra (que neste caso não é uma opinião errônea) e puni-lo com a morte, ou de liberar este crime da pena que merece e ser assim cruel ou indulgente até a debilidade. A solução desta dificuldade é a seguinte. O imperativo categórico da justiça criminal (a morte injusta de outro deve ser punida com a morte) conserva sua força; todavia, o erro da própria legislação (por conseguinte também da constituição civil), como bárbara e grosseira, é que os motivos da honra no povo (subjetivamente) não querem pôr-se de acordo com as regras que são (objetivamente) conformes a seu objeto; tanto que a justiça pública que parte do Estado se converte em *injustiça,* com relação à justiça que parte do povo.

II. *Do direito de perdoar*

O direito de *perdoar* o culpado (*aggratiandi*), de mitigar sua pena ou de perdoá-lo inteiramente, é, de todos os direitos do soberano, aquele que dá mais brilho a sua grandeza e em cujo exercício pode também cometer uma grande injustiça. Com relação aos crimes dos súditos uns contra os outros, o direito de graça não toca ao soberano porque então a impunidade do crime seria uma grande injustiça cometida contra os súditos que sofreram lesão. O soberano não pode, pois, indultar senão no caso em que a lesão tenha sido feita contra *ele mesmo* (nos crimes de lesa-majestade). E neste caso tampouco teria direito caso a impunidade pudesse ser perigosa para a segurança pública. Este direito é o único digno do nome de direito majestático.

Da relação jurídica de um cidadão com sua pátria e com o estrangeiro

L.
Da emigração, da imigração, da deportação e do desterro

O *país (territorium)* cujos habitantes são concidadãos de uma mesma república por uma constituição já existente, isto é, sem que seja necessário nenhum ato de direito particular (e por conseguinte concidadãos de nascimento), chama-se *pátria*. O país em que não existe constituição nem ainda em vias de formação é um *país estrangeiro*; e este país, quando faz parte de um domínio territorial em geral, chama-se *província* (no sentido que os romanos davam a esta palavra); e, *não sendo* esta província, todavia, uma parte conjunta do império (*imperii*), como lugar de *residência (sedes)* de concidadãos, mas somente uma *posse* desse país a título de dependência ou de *corte inferior*, deve honrar ao território do Estado dominante como *país soberano (regia dominia)*.

1º) O *súdito* (considerado também como cidadão) tem o direito de emigrar e não pode ser tido como propriedade do Estado. Só pode, todavia, exportar seus bens móveis, não os imóveis; o que, contudo, ocorreria, se tivesse direito de vender as herdades que possuísse até aquele momento e de levar consigo o preço.

2º) O *príncipe* tem o direito de acolher os estrangeiros que vêm a seu país e de favorecer seu estabelecimento (colônias), ainda quando os nativos não os vejam com bons olhos, na medida em que sua propriedade territorial não sofra por essa diminuição.

3º) O príncipe goza também do direito de *relegar* a uma província de um país estrangeiro o súdito culpado de um crime, que torna prejudicial ao Estado sua sociedade com os demais cidadãos, situação em que esse súdito não gozará de nenhum direito civil, isto é, de condená-lo à *deportação.*

4º) O príncipe tem também o direito de desterrar (*jus exilii*) em geral, isto é, de enviar a um país distante qualquer o malfeitor que, recusando toda proteção, se encontra proscrito dos limites do reino a que pertence primeiramente.

L-I.
Da forma da cidade

Os três poderes no Estado, que derivam da noção de *república* no sentido mais alto, são tão somente as relações da vontade coletiva do povo. Essas relações derivam *a priori* da razão e constituem a Ideia pura de um soberano em geral, ideia que tem uma realidade objetiva, prática. Porém, esse chefe (o soberano) não é, todavia, senão um *ser de razão* (que representa o povo inteiro), enquanto não é uma pessoa física investida do poder público superior e que proporciona a essa ideia sua eficácia sobre a vontade do povo. Ora, pode-se imaginar a relação dessa ideia com a vontade do povo de três maneiras diferentes: segundo que *um apenas* manda em todos, ou que *alguns*, iguais entre si, mandam reunidos em todos os demais, ou que *todos* juntos mandam em *cada um,* e por conseguinte cada um em si mesmo. Quer dizer, há três formas de governo: a *autocracia*, a *aristocracia* e a *democracia.* A palavra *monarquia*, tomada por autocracia, parece convir pouco à ideia que se quer expressar.

O monarca é o depositário do poder soberano, enquanto a *autocracia* ou *mando por si mesmo* se diz do que retém todos os poderes; este é o soberano, aquele somente seu representante. É fácil ver que a forma de governo autocrático é *a mais simples*; consiste tão somente na relação de um só (o rei) com o povo, um só homem, por conseguinte, é o legislador. No entanto, a forma aristocrática já é *composta* de duas relações, a saber: da relação dos grandes (como legisladores) entre si para constituir o soberano e da relação do soberano com o povo. E a forma democrática é a menos simples de todas; compõe-se primeiramente das vontades de todos para formar o povo; em seguida da vontade dos cidadãos para formar a república e, por fim, da vontade da república para formar o príncipe que resulta dessa vontade coletiva[17]. Quanto à administração de justiça no Estado, a forma mais simples é sem dúvida a melhor; porém, no que concerne ao direito, esta administração é muito perigosa para o povo porque se inclina muito para o despotismo. A máxima racional é sem dúvida o simplificar a máquina social por leis repressivas, como quando todo o povo é passivo e obedece a um só que está acima de todos; porém não há aí súditos como *cidadãos*. Quanto ao consolo com o qual o povo deve contentar-se por toda a garantia, a saber: que a monarquia (propriamente a autocracia) é a melhor forma de governo, *se o monarca é bom* (isto é, não somente se quer o bem, como também se sabe em que consiste), não é senão uma sentença tautológica que nada significa senão que a melhor constituição é *a que faz* do administrador da coisa pública o melhor governo; o que quer dizer que a melhor constituição é a melhor constituição.

L-II.
Do modo de governo

Em vão se buscam as *origens históricas* desse mecanismo, isto é, não é possível remontar ao princípio da formação das sociedades (visto que os selvagens não exprimem por escrito

17 Não faço aqui menção alguma da alteração dessas formas por homens poderosos, que se apoderam indevidamente do poder (da *oligarquia* e da *oclocracia*), nem das constituições civis que se chamam mistas, porque nos levariam longe demais.

sua submissão à lei e a natureza inculta desses homens induz a crer que foram primeiramente submetidos pela força). Porém, seria um crime empreender essa investigação para, em todo o caso, prevalecer-se dela e alterar, pela força, a constituição existente. Tal alteração deveria ser operada pelo povo reunido ao efeito, isto é, por via legal. Porém, uma sedição sob uma constituição existente é o transtorno de todas as relações civis jurídicas e, por conseguinte, de todos os direitos; isto é, não é uma mudança da constituição civil, mas sua dissolução. E então uma transição para uma outra melhor não é uma metamorfose, mas uma palingenesia que exige um novo pacto social, sobre o qual o precedente, já destruído, não pode ter nenhuma influência. Deve ser permitido, todavia, ao soberano mudar a constituição existente, se fosse pouco conforme à Ideia de um contrato primitivo, assim como também fazer respeitar a Ideia que conduz essencialmente ao povo constituir-se em cidade. Porém, esta mudança não pode consistir em fazer passar ao Estado de uma das três formas de governo a qualquer das outras duas; por exemplo, na unanimidade da aristocracia para submeter-se à autocracia ou converter-se em democracia e reciprocamente, porque o soberano não tem o direito de submeter o povo ao seu capricho, a uma nova constituição qualquer, nem mesmo democrática; poderia com isso perpetrar uma injustiça contra o povo, porque o povo talvez não desejasse essa forma de governo e achasse preferível uma das outras duas.

As formas de um governo são tão somente a carta (*littera*) da legislação primitiva no estado civil. Podem, pois, durar tanto tempo quanto formam parte do mecanismo da constituição civil a favor de um antigo costume (por conseguinte, de uma maneira completamente subjetiva). Porém, o *espírito* desse pacto original (*anima pacti originarii*) compreende a obrigação em que se encontra o poder constituinte de adaptar a essa Ideia o *modo de governo*; e assim, no caso em que a coisa não possa ser feita de uma vez, modificar-se insensivelmente e sem cessar, de tal maneira que se ponha em harmonia em *seu modo de ação* com a única constituição justa, a saber: uma república. Estas antigas formas empíricas de fato, que serviam tão somente para obter a *submissão* do povo, resolvem-se na forma primitiva (racional) única, que faz da *liberdade* um princípio e ainda uma condição de toda a limitação necessária a uma constituição jurídica no sentido próprio da palavra cidade e que acabará por conduzir a este resultado literalmente. Tal é a única constituição permanente; aquela em que a lei reina por si mesma e não depende de nenhuma pessoa particular; tal é o último termo do direito público, o estado no qual unicamente o seu pode ser atribuído *peremptoriamente* a cada um. Ao contrário, enquanto essas formas de governo, tão diferentes quanto à letra, devam representar pessoas morais revestidas do poder soberano, é mister reconhecer que não pode haver mais que um direito interno *provisório* para a sociedade civil, mas absolutamente nenhum estado jurídico desta.

Toda verdadeira república é e não pode ser mais que um *sistema representativo* do povo instituído em nome deste para proteger seus direitos por deputados de sua escolha. Porém, enquanto o soberano se faz representar em pessoa (seja rei, ordem dos nobres ou todo o povo, a união democrática), neste caso o povo reunido *representa* não somente o príncipe, como também ele próprio o é igualmente; porque nele reside originariamente o soberano, poder do qual devem emanar todos os direitos dos particulares como simples súditos (em todo caso como funcionários públicos); e a república, uma vez estabelecida, já não está na necessidade de soltar as rédeas do governo para entregá-las aos que haviam governado anteriormente e que agora poderiam destruir novamente todas as leis novas com sua vontade absoluta.

Observação. Foi, por conseguinte, uma grande falta de juízo por parte de um grande soberano de nosso tempo, para sair do embaraço de uma dívida pública, conclamar o povo a carregar tal peso e reparti-lo como lhe era conveniente. Por meio deste fato o povo recebeu o poder legislativo, não somente em relação ao imposto, mas também em relação ao governo, isto é, para impedir novas dívidas causadas pela prodigalidade ou a guerra. O poder do monarca, portanto, conclui-se, desapareceu (não ficou meramente suspenso) e passou ao povo, à vontade legisladora a quem agora o meu e o teu de cada um se encontra submetido. E não se pode dizer que se devesse entender por isso uma promessa tácita, e, todavia, quase contratual, da parte da assembleia nacional, de não se constituir como soberana, mas somente de administrar os negócios do soberano como tal e de devolver, depois de cumprida sua tarefa, ao monarca, as rédeas do governo, não; tal pacto seria por si mesmo nulo e de nenhum efeito. O direito da legislação suprema no Estado não consiste num direito alienável, mas sim em um direito inteiramente pessoal. O que o possui somente pode mandar pela liberdade universal do povo sobre o povo, porém não sobre essa própria vontade, que é o primeiro fundamento de todos os pactos públicos. Um contrato, que obrigasse o povo a ceder seu poder, não lhe conviria como poder legislativo e, contudo, o ligaria, o que repugna, segundo o princípio de que ninguém pode servir ao mesmo tempo a dois senhores.

Seção II
DO DIREITO DE GENTES

LIII.
Problema do direito de gentes

Os homens que constituem um povo podem ser considerados como indígenas, segundo a analogia da propagação, ou como nascidos de uma *mesma fonte*, mesmo quando não o sejam na realidade, porém, no sentido intelectual e jurídico são vistos como nascidos de uma mãe comum (a república), e formando todos juntos uma mesma família (*gens, natio*), cujos membros (os cidadãos) são da mesma origem e não se misturam com seus vizinhos que poderiam viver ao lado dos primeiros no estado natural, ainda que os que vivem assim (os selvagens) se creem, por sua vez, superiores aos demais devido à liberdade sem ordem das leis que escolheram, formando povos, mas não repúblicas. O direito das cidades ou dos Estados na relação entre si, direito que se chama bastante impropriamente de *direito dos povos ou de gentes* e que deveria, na verdade, se chamar direito público dos Estados (*jus publicum civitatum*), é agora o que temos de examinar sob o nome de direito de gentes. Trata-se aqui de uma nação considerada como uma pessoa moral relativamente a outra nação no estado de liberdade natural, por conseguinte também no estado de guerra contínuo; e então o problema a ser resolvido se refere: 1º) ao direito antes da guerra; 2º) ao direito durante a guerra; 3º) ao direito de obrigar-se mutuamente a sair desse estado de guerra, e, portanto, a estabelecer uma constituição que funde uma paz perpétua, isto é, o direito *depois* da guerra. Toda a diferença entre os homens considerados individualmente no estado natural (ou entre as famílias consideradas entre si, sob o mesmo ponto de vista) e os povos tais como nós os vemos

aqui, é que no direito de gentes é necessário considerar não somente a relação de um certo Estado com outro em geral, como também a de cada particular de um Estado relativamente a outros particulares de outro Estado, assim como relativamente a todo esse próprio outro Estado. Porém, essa diferença, referente ao direito dos indivíduos no estado natural puro, só deve ser determinada partindo da noção desse próprio estado.

LIV.
Elementos do direito de gentes

Os elementos do direito de gentes são: 1°) que as cidades, os Estados considerados em suas relações mútuas externas (como os selvagens sem leis) estão naturalmente em um estado não jurídico; 2°) que este é um *estado* de guerra (do direito do mais forte), ainda que não haja na realidade sempre guerra e sempre hostilidade. Esta posição respectiva (quando um e outro povo não querem nada melhor), embora de fato não ocasione nenhuma injustiça para ninguém, é, em si mesma, contudo, muito injusta e os Estados limítrofes entre si estão obrigados a sair dela; 3°) que é necessário que haja um pacto internacional concebido segundo a ideia de um contrato social primitivo e pelo qual os povos se obriguem respectivamente a não se imiscuírem nas discórdias internas de uns e outros, porém, garantindo-se mutuamente dos ataques estrangeiros; 4°) que, todavia, a aliança não deve supor nenhum poder soberano (como na constituição civil), mas somente uma *Federação,* à qual se possa renunciar sempre e que deve ser renovada de tempos em tempos. Direito subsidiário (*insubsidium*) a outro direito primitivo, a saber: o de evitar o estado de guerra contra aqueles que são nossos aliados (*foedus amphyctionum*).

LV.
Direito do Estado, com relação aos próprios súditos, de fazer a guerra

Com este direito primitivo das cidades livres, umas em relação a outras, de se fazer a guerra no estado natural (para estabelecer um estado aproximado do estado jurídico), suscita-se primeiramente a questão de saber: se o Estado tem o direito *sobre seus próprios súditos* de fazê-los servir na guerra contra outros Estados, de empregar seus bens, sua própria vida ou de pô-las em risco; de tal maneira que não dependa de sua própria vontade o partir ou não para a guerra, podendo, sim, ser compelidos pela ordem suprema do príncipe.

Este direito parece poder ser deduzido facilmente do de fazer cada qual sua vontade, no seu. Ora, tudo o que qualquer um tenha *feito* quanto à substância é sua propriedade indubitável. Trata-se de uma dedução que seria feita por um simples jurista.

Há num país todo tipo de *produtos naturais* entre os quais vários deles, contudo, devem ser vistos, ao mesmo tempo, como *obras* (*artefacta*) do Estado, porque o país não as produziria em tão grande número se não houvesse uma sociedade civil, um verdadeiro governo que tivesse o poder em suas mãos, e se os habitantes estivessem no estado natural. As galinhas (a espécie mais útil entre as aves), as ovelhas, os suínos, os bois etc. não são encontrados no país em que habitam ou seriam encontrados em número muito pequeno, seja por falta de alimento ou por causa dos animais ferozes, se não houvesse uma administração que garantisse a aquisição e a posse a seus habitantes. Deve-se dizer o mesmo do número de homens, que, como sucede nos desertos da América, e mesmo supondo-se uma grande indústria (que não possuem), nunca poderia ser considerável. Os habitantes escasseariam, pela razão de que ninguém poderia avançar muito com seus criados numa terra sempre exposta à devastação por selvagens e por feras; esta terra, por conseguinte, não produziria os alimentos necessários ao número de homens hoje existente em um dado país. Assim, portanto, como as plantas (por exemplo, as batatas) e os animais domésticos, quanto a sua abundância, são *obra* do homem, que pode empregá-los, consumi-los (matá-los); parece, pois, do mesmo modo, que poderíamos dizer que um príncipe, num Estado, tem o direito de empregar seus vassalos na guerra, visto que em grande parte são obra sua; de modo que disporia deles para a caça e o combate, como para uma expedição de recreio. Porém, esta razão de direito (que poderia vagamente ocorrer aos monarcas) só tem valor com relação aos animais, os quais podem ser propriedade do homem; porém, de nenhuma forma pode ser aplicado ao próprio homem, sobretudo como cidadão. O cidadão deve ser considerado sempre no Estado como partícipe do poder legislativo (não como simples instrumento, mas como fim em si mesmo) e deve, por conseguinte, consentir livremente na guerra por meio de seus delegados, não apenas em geral, mas em cada declaração de guerra particular. Sob esta condição restritiva unicamente, é como a cidade pode decretar seu serviço de guerra.

Deduzimos, portanto, este direito do *dever* do príncipe com relação a seus súditos (e não reciprocamente). Deve-se supor que o povo votou pela guerra; e neste caso, mesmo passivo (deixando dispor dele), é contudo ativo e representa o soberano.

LVI.
Direitos de um Estado, com relação a outro Estado, fazer a guerra

As cidades em seu estado natural respectivo têm o *direito de fazer a guerra*, como um meio lícito de sustentar seu direito pela *força*, quando creem ter sido lesadas, visto que esta reivindicação não pode, no caso presente, ser realizada por meio de um *processo* (único meio de regular os interesses no estado jurídico). Além da lesão ativa (a primeira agressão, que é diferente da primeira hostilidade), é preciso distinguir a *ameaça*. Esta pode consistir de *preparativos* antecipados, o que dá o direito de *se prevenir (jus praeventionis)*, ou de um aumento *formidável (potentia tremenda)* do poder de um Estado das imediações, que aumenta por incorporações de território. Este aumento constitui uma lesão aos povos imediatos menos poderosos, pelo simples fato de sua situação respectiva, sem necessidade de que por parte dessa potência se produza um *ato de dominação;* motiva, pois, suficientemente o ataque no estado de natureza. Este é o fundamento do direito de equilíbrio dos Estados próximos.

A *lesão ativa* de um povo contra outro dá a este último o direito de fazer a guerra contra o primeiro. Este direito consiste em exigir satisfação e usar de represália *(retorsio)*, sem buscar a reparação por vias pacíficas. A guerra, feita sem prévia *declaração*, se parece muito, quanto à forma, com as represálias. Porque, caso se deseje encontrar um direito no estado de guerra, é preciso entender algo análogo a um contrato, a saber: a *aceitação* da declaração da outra parte, de modo que se pretenda por uma e outra parte reivindicar seu direito por meio das armas.

LVII.
Do direito durante a guerra

O direito *durante a guerra* é uma parte do direito de gentes que está sujeita a grandes dificuldades, mesmo para formar uma simples noção dele, e para conceber uma lei nesse estado privado de leis *(inter arma silent leges)*, sem incorrer em contradição; porque essas leis deveriam ser: fazer a guerra de acordo com princípios tais, que seja sempre possível sair desse estado natural dos povos (em sua relação mútua externa) e adentrar em um estado jurídico.

Nenhuma guerra de um povo contra outro povo livre pode ser *penal (bellum punitivum)*. Porque a pena só pode ser imposta por um superior que manda em um inferior, e esta não é a relação dos Estados entre si. Tampouco pode ser uma guerra de *extermínio (bellum internecimum)* nem uma guerra de *conquista (bellum subjugatorium)*, a qual seria a extinção moral da cidade (cujo povo teria de se confundir com o povo vencedor, ou cair em servidão). Não porque este meio extremo, a que um povo pode se ver reduzido para obter o estado de paz, seja essencialmente contrário ao direito de um Estado, mas sim porque a Ideia do direito de gentes implica em si puramente na noção de antagonismo, segundo princípios de liberdade exterior, para se manter em sua propriedade e não para adquirir; tal maneira de adquirir, por aumento de poder de um Estado, poderia ser perigosa para outro.

Toda espécie de meios de defesa é permitida ao Estado atacado, exceto aqueles cujo uso incapacitaria seus indivíduos à cidadania; porque se fariam por seu uso incapazes de valer como pessoa (moral) na relação de povo a povo, segundo o direito de gentes; quer dizer, que seriam incapazes de entrar com os demais na participação de direitos iguais. Entre os meios proibidos se contam: servir-se de seus próprios súditos para espionagem, servir-se deles ou de estranhos para assassinar, envenenar (entre estes pode-se muito bem incluir os soldados armados de arcabuz que esperam para emboscar o inimigo) ou ainda unicamente para difundir falsas notícias; numa palavra, empregar meios fraudulentos, que destruiriam a confiança necessária para fundar um paz duradoura.

É lícito na guerra impor ao inimigo vencido provisões e contribuições, porém não o saque do povo, isto é, arrebatar dos particulares seus bens, a não ser por *requisições* com motivo de dívidas, a fim de que depois, com a paz, o peso se reparta convenientemente sobre o país ou sobre a província; caso contrário, seria um ato de bandoleiros, porque quem fez a guerra não foi o povo vencido, mas o Estado sob o qual este se achava, o qual fez a guerra em seu nome.

LVIII.
Do direito depois da guerra

O direito *depois da guerra*, isto é, no momento do tratado de paz e com relação às consequências desse tratado, consiste no seguinte: o vencedor impõe as condições sob as quais costumam ser celebrados os *tratados* e a paz com os vencidos, e não as condições que poderiam resultar de não sei que direito fundado na lesão pela qual entendia ter sido atingido, porém apoiado principalmente em sua força. O vencedor não pode, portanto, exigir o reembolso dos gastos de guerra, porque isto seria declarar como injusta a guerra de seu adversário; e mesmo que se possa pensar tal coisa, o vencedor não deve expressá-lo porque isto seria declarar que faz uma guerra penal, com o que incorreria em nova injustiça para com o vencido.

A este direito pertence também a troca de prisioneiros (sem pagamento de resgate), seja qual for seu número.

Os indivíduos de um Estado vencido não perdem pela conquista do país sua liberdade civil, de modo que possam ser tratados como colonos ou reduzidos à condição de cativos; porque neste caso a guerra teria sido penal, o que repugna. Uma colônia ou província é um povo que, certamente, tem sua constituição própria, sua legislação, seu território, e com relação ao qual os que pertencem a outro Estado são estrangeiros, porém sobre o qual, contudo, outro Estado exerce poder soberano. Este último Estado é chamado de *metrópole*; assim foi *Atenas* relativamente às diferentes ilhas e hoje a Inglaterra com relação à Irlanda. O Estado colonial reconhece a soberania do outro, porém se governa por si mesmo, por seu próprio Parlamento, e mais, sob a presidência de um vice-rei (*civitas hybrida*).

Com maior razão, a *servidão* e sua legitimidade não podem resultar da dominação de um povo sobre outro pela guerra; para isto teríamos de supor uma guerra penal. A servidão não pode em nenhum caso ser hereditária; seria absurda porque a culpabilidade de alguém não pode ser transmitida hereditariamente.

A noção de tratado de paz implica a de *anistia*.

LIX.
Do direito da paz

O *direito da paz* é: 1º) o direito de permanecer em paz se houver guerra em território próximo, ou o direito da *neutralidade*; 2º) de obter segurança a partir da *continuação* da paz acordada, isto é, o direito de garantia; 3º) a *união* mútua (a aliança) para a garantia de vários Estados, para *defesa* em comum, seja contra os estrangeiros, seja contra os movimentos internos que pudessem sobrevir; porém, não uma aliança ofensiva e de engrandecimento exterior.

LX.
Do direito de um Estado a respeito de um inimigo injusto

O direito de um Estado contra um inimigo *injusto* não tem limites (entenda-se: quanto à qualidade, porém não quanto à quantidade e ao grau). Quer dizer, um Estado ofendido não tem o direito de empregar todos os meios de que possa lançar mão para se defender, mas sim somente os que são absolutamente permitidos. Ora, em que, segundo as noções do direito de gentes (no qual, como no estado natural, cada Estado é juiz em sua própria causa) pode um *inimigo* ser injusto? Sempre que sua vontade, publicamente expressa (por palavras ou por obra), revela uma máxima que, tomada como regra geral, tornaria impossível o estado de paz entre as nações e as manteria, portanto, indefinidamente no estado de natureza umas em relação às outras. Isto constitui uma infração dos tratados públicos; pode-se supor que neles estão interessados todos os povos, cuja liberdade fica de fato ameaçada; o que os obriga, ou quando menos os induz a se coligarem contra semelhante desordem para impedir sua reprodução. Não podem, contudo, *repartir o país agressor* para destruí-lo enquanto deles dependam, apagando-o politicamente da face da Terra; isto seria uma injustiça contra o povo, que não pode perder seu direito primitivo de se reunir em sociedade. Entretanto, têm o direito de impor uma nova constituição que, por sua natureza, seja desfavorável à inclinação à guerra.

Ademais, a expressão Inimigo injusto, no estado natural, é um *pleonasmo;* porque o estado natural já é, por si só, um estado de injustiça. Inimigo justo seria aquele em relação ao qual minha resistência fosse injusta, caso em que não seria meu inimigo.

LXI.
Da paz perpétua

Visto que o estado natural dos povos, como o dos homens em particular, deve ser abandonado para se entrar em um estado legal, antes que isto suceda, todo direito dos povos, todo meu e teu exterior dos Estados, que pela guerra pode ser adquirido ou conservado, é unicamente *provisório;* não pode ter valor *peremptório* nem se converter em um verdadeiro *estado de paz* a não ser na *união universal das cidades* (analogamente aos meios que um povo emprega para chegar a ser um Estado). Porém, como uma extensão grande demais da cidade de povos na superfície do Globo impossibilitaria seu governo, e, portanto, a proteção de cada membro dessa cidade universal, visto que se encontrariam muito disseminados, muito distantes uns dos outros, são formadas apenas corporações parciais, o que causa um novo estado de guerra. Assim, uma *paz perpétua* (fim último de todo direito de gentes) é, indubitavelmente, uma ideia impraticável. Entretanto, os princípios políticos que tendem a realizar essas reuniões de cidades, como para favorecer a *aproximação* sem fim a esse estado de paz perpétua, não são impossíveis; e, como tal aproximação é uma questão fundada no dever, e portanto também no direito dos homens e dos Estados, é sem dúvida praticável.

Essa *aliança* de alguns *Estados* para conservar a paz pode ser chamada de *congresso permanente,* no qual todo Estado próximo pode ingressar livremente; o que (ao menos, quanto às formalidades do direito de gentes relativamente à conservação da paz) ocorreu na primeira metade deste século na Assembleia dos Estados gerais em Haia, ante os quais os ministros da maior parte das cortes da Europa levaram suas queixas sobre as hostilidades reciprocamente cometidas e também os ministros das menores repúblicas, fazendo assim de toda a Europa uma confederação que tomaram por árbitro de suas contendas políticas. Mais tarde, o direito de gentes, relegado às escolas, desapareceu dos gabinetes, ou foi enviado à obscuridade dos arquivos, sob formas de deduções, após já ter feito uso do direito da força.

Mas em um *congresso* de vários Estados se trata tão somente de uma união arbitrária, *dissolúvel* a qualquer tempo, e não de uma união (como a dos Estados da América) fundada numa constituição pública e, por conseguinte, indissolúvel. Só desta maneira se pode tornar realizável a ideia da fundação de um direito de gentes, em cujo nome se decidirão os interesses internacionais à maneira civil, isto é, na forma de processo e não de uma maneira bárbara (como os selvagens).

Seção III
DIREITO COSMOPOLÍTICO

LXII.
Ideia racional de uma sociedade de paz entre todos os povos

Esta ideia racional de uma comunidade *pacífica* perpétua de todos os povos da Terra (mesmo quando não sejam amigos), entre os quais podem ser estabelecidas relações, não é um princípio filantrópico (moral), mas um princípio de *direito.* A natureza encerrou todos os homens juntos, por meio da forma redonda que deu ao seu domicílio comum (*globus terraqueus*), em um espaço determinado. E, como a posse do solo, sobre o qual o habitante da Terra foi chamado a viver, só pode ser concebida como a posse de uma parte de um todo determinado, por conseguinte, se uma parte sobre a qual cada um deles tem um direito primitivo, todos os povos estão *originariamente* em comunidade do solo; não em comunidade *jurídica* da posse *(communio)* e portanto de uso ou de propriedade desse solo; mas em *reciprocidade de ação (commercium)* física possível, isto é, em uma relação universal de apenas um com todos os demais (relação que consiste em *se prestar* a um *comércio* recíproco); e têm o direito de fazer a experiência, sem que por isto possa um estrangeiro tratá-los como inimigos. Este direito, como a união possível de todos os povos, com relação a certas leis universais de seu comércio possível, pode ser chamado de *direito cosmopolítico (jus cosmopoliticum).*

À primeira vista parece que os mares interrompem a comunicação entre os povos; e, todavia, a navegação é o meio natural mais favorável a suas relações. E essas relações podem ser tanto mais ativas quanto mais próximas forem as costas (por exemplo, nos mares mediterrâneos). Porém, o frequentar estas costas e, sobretudo, os estabelecimentos fundados para reuni-los depois à metrópole, fazem com que a violência e os males sofridos em um ponto de nosso Globo se propaguem por todo o Globo. Contudo, este inconveniente possível não pode privar do direito cosmopolítico de *ensaiar* a sociedade com todos e de percorrer com esse intento todos os países da Terra, ainda quando não haja direito de se estabelecer *(jus incolatus)* no território de outra nação a não ser por meio de um contrato particular.

Porém, pode-se perguntar se um povo tem o direito de fundar um estabelecimento *(accolatus)* em um país recentemente descoberto, sem contar com o consentimento dos indígenas.

Se os descobridores se instalam a tal distância dos ocupantes primitivos que nenhum deles prejudica os demais pelo uso do território, o direito é incontestável. Se, ao contrário, os indígenas são pastores ou caçadores (como os hotentotes, os tongos e a maior parte dos povos da América), o que exige para sua manutenção grandes extensões de terra desertas, não é lícito se estabelecer em sua proximidade a não ser em virtude de um contrato; e neste contrato não se deverá abusar da ignorância para obter desses habitantes a cessão de suas terras, ainda quando se possa demonstrar, com razões bastante específicas, que uma usurpação (uma injustiça) dessa espécie é vantajosa para o mundo em geral, seja pela cultura desses povos grosseiros (pretexto com o qual Busching pretende desculpar a introdução sangrenta da religião cristã na Alemanha), seja porque dessa maneira se encontraria um meio de limpar a metrópole de homens depravados, ou seja, porque estes pudessem se corrigir, a si mesmos ou em sua posteridade, sendo transportados a outra parte do mundo (como a Nova Holanda). Todas estas intenções pretensamente boas não podem eximir-se da mancha da injustiça dos meios empregados para sua execução. Contra isto se argumenta que, com tais escrúpulos em empregar a força no estabelecimento do estado legal, talvez hoje ainda estivesse toda a Terra no estado natural, ou não jurídico. Entretanto, esta razão tem tanto valor quanto para destruir o direito quanto este outro pretexto dos revolucionários: corresponde ao povo, quando a constituição é má, reformá-la pela força e, em geral, é lícito ser, por um momento, injusto para fundar em seguida, com mais segurança, o reinado e a prosperidade da justiça.

Conclusão

Quando alguém não pode demonstrar que uma coisa é, deve tratar de provar que não é; se não consegue nem uma coisa nem outra (o que acontece muitas vezes), pode ainda investigar se lhe *importa adotar* (*hipoteticamente*) uma ou outra dessas opiniões, seja sob o ponto de vista teórico, seja sob o prático; isto é, ou somente para se explicar um certo fenômeno (por exemplo, para um astrônomo a revolução e a fixidez dos planetas) ou para atingir um certo fim, o qual é *pragmático* (simplesmente técnico) ou *moral*, isto é, qual seja um dever, propor-se este fim como máxima de ação. É evidente que a *suposição* da possibilidade de atingir esse fim, suposição que consiste em um juízo teórico e problemático, não é um dever: não há nenhuma obrigação de crer que o seja; porém, a obrigação consiste em agir segundo a Ideia desse fim, mesmo que não haja a mais ligeira verossimilhança teórica de que possa ser alcançado, a menos que esteja demonstrada sua impossibilidade.

Ora, a razão moralmente prática pronuncia este *veto* irresistível: *Não deve haver nenhuma guerra*, nem entre tu e eu no estado natural, nem entre nós como povos que, constituídos legalmente em nosso interior, estamos contudo em um estado extralegal exteriormente ou em nossas mútuas relações, porque o direito não deve ser buscado por meio da guerra. Por conseguinte, não se trata de saber se a paz perpétua é possível na realidade ou não, nem se nos enganamos em nosso juízo prático quando opinamos pela afirmativa, mas sim que devemos proceder como se este suposto, que talvez não se realizará, devesse, no entanto, realizar-se e tratar de estabelecer entre nós, dando a constituição (talvez o republicanismo de todos os Estados em conjunto e em particular) que nos pareça mais própria para alcançar esse fim e pôr termo à guerra execrável, objeto ao qual todos os Estados, sem exceção, têm dirigido até hoje suas instituições interiores, como para seu fim principal. E, ainda quando tal fim não devesse passar nunca de uma pura aspiração, seguramente não nos enganamos tomando por máxima o dirigir-nos para ele, visto que é um dever. Se soubéssemos que a lei moral nos enganava, nasceria em nós o desejo espantoso de carecer de razão, e de nos submeter, como o resto dos animais, ao mecanismo da natureza.

Pode-se dizer que o tratado de paz universal e duradouro é não somente uma parte, mas todo o fim do direito, considerado nos limites da simples razão; porque o estado de paz é o único em que o meu e o teu estão garantidos por *leis* em meio a homens que mantêm relação constante entre si, e por conseguinte vivem reunidos sob uma constituição. Porém, a regra desta constituição não deve ser buscada na experiência daqueles junto a quem tem ido bem até agora, devendo sim ser deduzida *a priori* pela razão do ideal de uma associação jurídica dos homens sob leis públicas em geral. Com efeito, todos os exemplos (que podem explicar, mas não demonstrar) são falazes e têm necessidade de uma metafísica, ciência cujo valor reconhecem sem pensar os mesmos que a desprezam quando dizem, por exemplo, como sucede muitas vezes, que "a melhor constituição é aquela na qual as leis, e não os homens, exercem o poder". Porque, que coisa há de mais metafisicamente sublime, se assim se pode dizer, do que essa mesma Ideia que, confessada por eles mesmos, alcança um valor objetivo inquestionável e inquestionado; Ideia que a experiência confirma e a única que, não ensaiada nem introduzida na prática pela violência das revoluções, isto é, pelo transtorno de uma constituição defeituosa (porque nestas terríveis sacudidas, basta um instante para anular todo o estado jurídico), mas, ao contrário, realizada por meio de uma reforma lenta, insensível e segundo princípios firmes, pode conduzir à paz perpétua, por meio de uma aproximação perpétua do soberano bem político!

NOTAS

A oportunidade destas observações devo-a em grande parte à resenha feita desta obra no *Avisador*, de Götingen, nº 28, com data de 28 de fevereiro de 1797. Pretendo tirar proveito dessas críticas redigidas com sentido e penetração e nas quais se associam ao nosso pensamento até o ponto de esperar que estes *Princípios metafísicos* sejam uma aquisição para a ciência.

Meu criterioso crítico recai desde o princípio em uma definição ao iniciar a *introdução* à ciência do direito. Que é o *desejo?* O desejo, diz o texto, é a faculdade de ser, por suas representações, causa dos objetos dessas próprias representações. – "*Pode* se opor", diz, "a esta definição, que esta faculdade não é nada, se se faz abstração das condições *exteriores* da consequência do desejo. E, todavia, a faculdade de desejar é ainda algo para o idealista, embora o mundo exterior nada seja para ele." *Resposta*: Porém, não existem também desejos ardentes, ainda que acompanhados da consciência de sua inutilidade (por exemplo, oxalá aquele homem vivesse ainda!); desejos que, na verdade, são ineficazes, que não impelem ao agir; mas que, contudo, não *carecem de consequências* e que, embora não operem exteriormente, influem, todavia, de uma maneira poderosa dentro do próprio sujeito? Um desejo como esforço (*nisus*) para ser causa por meio de suas representações, ainda quando o sujeito se dê conta da insuficiência dessas representações, para produzir o efeito desejado é, todavia, sempre causa, ao menos no sujeito. O que ocasiona aqui o equívoco é que como a consciência de sua faculdade *em geral* (no caso em questão) é ao mesmo tempo a consciência de sua *impotência* com relação ao mundo exterior, a definição não é aplicável aos idealistas. Por outro lado, contudo, como aqui não se trata em geral senão da relação de uma causa (da representação) a um efeito (o sentimento), a causa da representação (seja exterior ou interior) deve necessariamente ser pensada com relação ao seu objeto na noção da faculdade de desejar.

1ª) *Preliminares lógicas para um novo ensaio sobre a exposição da noção do direito.*

Se os filósofos jurisconsultos desejam elevar-se até os princípios metafísicos do direito, princípios sem os quais toda a sua ciência seria puramente regulamentar, não podem olhar com indiferença a perfeição de sua *divisão* das noções de direito, pois de outro modo essa ciência não formaria um *sistema racional*, mas apenas um agregado incoerente. – O *Tópico* dos princípios deve, para a forma do sistema, ser perfeito; isto é, deve-se ver nele o *lugar* destinado a uma noção *(locus communis)*, o lugar que lhe é atribuído segundo a forma sintética da divisão. Desta maneira, pode-se também demonstrar que tal ou qual noção cujo lugar se conhece é contraditória e deve desaparecer.

Até hoje os jurisconsultos têm admitido dois lugares-comuns: o do direito *real* e o do direito *pessoal*. É natural perguntar se, visto que dois lugares ainda permanecem vagos, que resultam da simples forma da reunião dos anteriores em uma noção, como membros da divisão *a priori*, a saber: o de um direito real-pessoal, e o de um direito pessoalmente, é natural, digo, perguntar se poderíamos convenientemente acrescentar esta noção, e em todo caso se deveria apresentar-se, ainda que somente de uma maneira problemática, no quadro completo da divisão? Este último ponto não admite a menor dúvida. Com efeito, a divisão puramente lógica (que faz abstrações do conteúdo ou da matéria do conhecimento do objeto) é sempre *dicotômica:* por exemplo, todo direito é um direito real ou um direito não real. Porém, a divisão de que tratamos aqui, a divisão metafísica, pode também ser *tetracotômica*, porque independentemente dos dois membros simples da divisão, há, ademais, duas relações: as das condições restritivas do direito, condições sob as quais um desses direitos se compõe com o outro e cuja possibilidade exige um exame especial. A noção de um direito *pessoal-real* é excluída desde já; porque não se concebe direito a uma *coisa* contra uma pessoa. Pergunta-se agora se o inverso dessa relação também é inconcebível; ou se esta noção, quero dizer, a de um direito *real-pessoal*, não só não implica contradição em si, mas que é uma noção que forma parte necessária (dada *a priori* na razão) da do meu e teu exterior; em outros termos, se se pode tratar das *pessoas* como das coisas, com certas diferenças, possuí-las e se conduzir com elas em muitos casos como com as coisas?

2ª) *Justificação da noção de um direito real-pessoal.*

Eis aqui uma definição do direito real-pessoal boa e curta: "É um direito do homem de ter uma pessoa fora de si como sua".

Não digo tampouco: "Ter uma pessoa como a minha (usando o pronome), mas sim como minha, "de mim". Porque posso dizer: esta pessoa é *meu pai*, o que indica tão somente minha relação física (de união) com ele em geral: "Tenho um pai", um exemplo; porém não posso dizer: "Tenho meu pai como *coisa minha*". Digo, todavia, minha mulher, o que significa um meu particular, um meu jurídico, relação do possuidor a um objeto (ainda quando seja uma pessoa) como *coisa*. Porém, a posse *(física)* é a condição de possibilidade da *ocupação (manipulativo)*, de um objeto como *coisa*, ainda que este possa, sob outros aspectos, ser tratado ao mesmo tempo como pessoa.

Digo com intenção uma *pessoa*, porque poderia muito bem ter como seu um outro *homem*, que por um crime tivesse perdido sua personalidade (tivesse passado a ser escravo); mas aqui não se trata deste direito real.

Examinaremos, pois, se essa noção de um direito real-pessoal, como fenômeno novo no céu jurídico, "é uma *stella mirabilis* (que deve se engrandecer até igualar as estrelas de primeira grandeza, embora até hoje tenha passado despercebida, para desaparecer de novo e talvez reaparecer novamente), ou se é simplesmente uma *estrela errante*".

3º) *Exemplos.*

Ter algo exterior como seu é possuí-lo legitimamente. Porém, a posse é a condição da possibilidade do uso e, quando se concebe esta condição física, a posse chama-se *ocupação*. – A ocupação legítima por si só não basta certamente para considerar como meu o objeto ocupado, ou para torná-lo meu; porém, se, por qualquer razão que seja, tenho o direito de reivindicar a ocupação de um objeto que se subtrai ou tenha se subtraído ao meu poder, essa noção de direito é um signo (como de efeito à causa) de que me tenho por autorizado para usar esse *objeto como de uma coisa minha*, assim como também para me conduzir com relação a esse objeto como quem tem sobre ele uma posse *inteligível* e a servir-me dele como tal.

O seu não significa aqui, na verdade, o seu da propriedade sobre a pessoa de outro, porque um homem não pode ser proprietário nem de si mesmo e muito menos de outra pessoa; mas unicamente do seu do desfrutar *(jus utendi fruendi)*, ou o direito de fazer servir a essa pessoa imediatamente como meio para meu fim, *como* se fosse uma coisa, porém sem menoscabar por isso sua personalidade.

Mas esse fim, como condição da legitimidade do uso, deve ser moralmente necessário. O homem, pois, não pode desejar a mulher para *gozá-la* como uma coisa, isto é, para experimentar com ela um gozo imediato em um comércio puramente carnal, nem a mulher abandonar-se ao homem para semelhante fim, sem que as duas partes renunciem a sua personalidade (coabitação carnal ou bestial). Quer dizer, que sua união somente se torna lícita sob a condição do *casamento*, o qual, como abandono recíproco de sua própria pessoa à posse de outra, deve acordar-se *previamente* para não perder seu caráter de pessoa pelo uso corporal que uma parte faz da outra.

Sem essa condição, o gozo carnal é sempre *canibal* em princípio (ainda que nem sempre quanto ao efeito). Se a mulher se *consome* pela *prenhez* e por um parto que pode ser mortal, e se o homem, de sua parte, se *extenua* pelas exigências demasiado frequentes da mulher, não há diferença senão na maneira do gozo, e uma parte é na realidade relativa à outra, neste uso recíproco dos órgãos sexuais, uma coisa *fungível (res fungibilis)*, com relação à qual o contrato, se existisse, seria contrário à lei *(pactum turpe)*.

Do mesmo modo, o homem não pode procriar com a mulher um filho, como sua obra comum *(res artificialis)*, sem que ambas as partes contraiam a *obrigação*, com respeito ao filho, e uma em relação à outra, de educá-lo. E todavia o filho é aquisição de um homem como uma coisa, pessoalmente quanto à forma (segundo um direito real-pessoal). Os pais têm um direito contra todo possuidor do filho que pudesse ter sido subtraído de seu poder *(jus in re)*, e ao mesmo tempo o direito de obrigá-lo a acatar sua vontade, se esta vontade não tiver nada em contrário à liberdade legal possível *(jus ad rem)*. Têm, pois, também um direito pessoal contra ele.

Finalmente, se o transcorrer dos anos libera os pais do dever de educar os filhos, conservam ainda o direito de empregá-los como membros da sociedade doméstica submetidos às suas ordens, na conservação e prosperidade da família, até sua emancipação; o que é um dever dos pais para com eles, dever que resulta da limitação natural do direito dos pais. Até este momento, habitam a mesma casa, é certo, e formam parte da família; porém, doravante formam parte dos serviçais *(famulatus)* da mesma família, que por conseguinte não podem ser agregados ao seu, do chefe de família (como seus criados) a não ser por um contrato. Os criados *estranhos à família* podem ser agregados ao seu do amo da casa em virtude de um direito pessoal-real e são adquiridos como domésticos *(famulatus domesticus)* por um contrato. Tal contrato não é um simples *aluguel (locatio conductio operae)*, mas uma entrega de sua pessoa na posse do amo da casa, um compromisso *(locatio conductio personae)*; contrato que difere do precedente em que o doméstico se obriga a *tudo o que é permitido*, pelo bem da casa, sem que lhe seja imposto como um trabalho marcado e especificamente determinado; em lugar disto, o que se aluga para um trabalho determinado (o braceiro ou jornaleiro) não é o seu de outro e não forma por conseguinte parte da casa. – Como este último não está de posse legítima daquele que o obriga a certas prestações, o chefe de família não pode, mesmo quando esse membro da família fosse seu arrendatário *(inquilinus)*, *se apoderar* dele *(via facti)* como de uma coisa; porém pode, em virtude do direito pessoal, exigir a prestação do prometido, prestação que está submetida às suas ordens por

um meio de direito *(via juris)*. Isto é o que tinha de dizer para explicação e defesa de um título de direito notável, que deve ser acrescentado aos que são admitidos na ciência natural da lei, título que tacitamente foi sempre reconhecido.

4º) Também fui criticado por uma heterodoxia no direito natural privado na proposição: *a venda rompe o aluguel* (XXXI).

À primeira vista parece contrário a todos os direitos adquiridos pelo contrato de aluguel que possa alguém despedir seu arrendatário antes de terminar o prazo do arrendamento; faltando por conseguinte em aparência à promessa feita, e não deixando ao arrendatário mais que o tempo que ordinariamente se usa ao fim do arrendamento. Porém, se for possível demonstrar que o arrendatário, quando fazia seu contrato, sabia ou devia saber que a promessa feita pelo *arrendador*, como proprietário, estava naturalmente (sem que devesse expressamente consignar-se no contrato), portanto tacitamente submetida à condição de *que este não vendesse sua casa nesse intervalo de tempo* (ou que não tivesse obrigação durante esse tempo de entregar sua casa a seus credores), o arrendador não faltou absolutamente à sua palavra e o arrendatário não sofreu nos seus direitos por ter sido despedido antes do termo do arrendamento.

Porque o direito do inquilino, tal como resulta do contrato de arrendamento, é um direito *pessoal*, sobre o que certa pessoa deva prestar à outra *(jus ad rem)*; porém, não em relação a todo possuidor da coisa *(jus in re)*, ou seja, um direito *real*.

O inquilino poderia tomar suas precauções em seu *contrato de arrendamento* e ser criado um direito real sobre a casa: poderia fazer inscrever seu contrato sobre a casa do arrendador, como em adesão à coisa. Com esta condição não poderia ser despedido antes do fim do prazo do arrendamento por nenhuma circunstância, nem ainda pela morte natural ou civil (a bancarrota) do proprietário. Não existindo esta condição, seja porque queira ser livre para poder ajustar outro arrendamento em melhores condições, seja porque o proprietário não queira ver sua casa gravada com tal servidão *(onus)*, ambas as partes têm consciência de ter feito um contrato acessório, tacitamente condicional relativamente ao despedir (salvo o prazo civilmente determinado para isto), contrato que consiste na faculdade de dissolver o contrato principal segundo lhes convenha. A confirmação da faculdade de romper o arrendamento pela venda é deduzida também de certas consequências jurídicas de um simples contrato de aluguel; porque o herdeiro do arrendatário, se este morrer, não teria obrigação de continuar o arrendamento; porque este arrendamento não é mais que uma obrigação para com certa pessoa, obrigação que termina com sua morte (caso em que, todavia, deve-se também ter em conta o tempo legal para o despedir). Da mesma maneira, o direito do arrendatário, como tal, não pode passar ao seu herdeiro sem um contrato particular; o arrendatário tampouco pode *subarrendar* em vida de ambas as partes sem consentimento expresso.

5º) *Objeção do crítico e resposta.*

"O direito de *usucapião (usucapio)* segundo o dito deve se fundar no direito natural; porque, se não se supusesse que há lugar para uma *aquisição ideal*, como a chamo aqui, para a posse de boa-fé, nenhuma posse peremptória estaria garantida, assegurada". Porém, o próprio Sr. Kant não admite no estado de natureza senão uma aquisição provisória, o que o faz insistir na necessidade jurídica da constituição civil. "Afirmo-me *possuidor de boa-fé*, mas somente contra aquele que não pode demonstrar que ele o era antes que eu, e que não deixou voluntariamente de sê-lo." – Não é esta a questão, mas, sim, saber se posso *chamar-me* de proprietário, apesar da pretensão do verdadeiro proprietário *anterior* da coisa, quanto, por outro lado, o reconhecimento de sua existência como possuidor e a qualidade de sua posse como proprietário eram *absolutamente* impossíveis. Este último caráter concorre quando o proprietário não deu por si mesmo nenhum sinal público suficiente da não interrupção de sua posse (seja ou não por culpa sua, por exemplo, pela inscrição nos registros), ou pelo reconhecimento não contradito de sua qualidade de proprietário nas assembleias civis onde lhe corresponde ter voto por esse conceito.

Trata-se com efeito de saber: Quem deve provar a legitimidade de sua posse?

Esta carga *(onus probandi)* não pode ser imposta ao possuidor; está de posse dessa legitimidade até onde alcança a história comprovada de sua posse (e a pressuposição lhe é favorável para o resto do tempo).

O pretendido proprietário anterior da coisa está, segundo os princípios de direito, completamente separado da série dos possuidores que se sucederam em um tempo intermediário, durante o qual não deu nenhum sinal civilmente válido de sua qualidade de proprietário. Esta interrupção de ato público de posse se reduz à condição de pretendente sem título. (O contrário se verifica aqui, o mesmo que em teologia, *conservatio est continua creatio.)* Se se apresentasse um pretendente até mesmo desconhecido, ainda que possuindo títulos achados posteriormente, ter-se-ia ainda lugar para duvidar em relação a ele, seria possível ter um reclamante mais antigo, cuja petição se fundara também numa posse anterior. O *longo tempo* da posse não influi, pois, aqui em nada para o *usucapião* da coisa *(acquirere per usucapionem).* Porque é absurdo admitir que uma injustiça se converta pouco a pouco em direito pelo fato de haver durado muito tempo. O *uso* (continuado por longo tempo) supõe o direito à coisa, longe de dizer que o direito deva fundar-se sobre o uso.

Por conseguinte, o usucapião *(usucapio)*, como *aquisição* por uso dilatado de uma coisa, é uma ideia contraditória. A *pres-*

crição das pretensões, como *meio de conservar (conservativo possessionis meae per praescriptionem)*, não é menos contraditória, mas apresenta, todavia, uma noção diferente do que precede quanto ao argumento da apropriação, porque é um princípio negativo, isto é, *o não uso absoluto* de seu direito, não uso tal que não é nem o uso necessário para aparecer como possuidor, e que equivale a uma *cessão* de direito *(derelictio)*, que é um ato jurídico. É, pois, um uso de seu direito com relação a outro para excluí-lo de suas pretensões *(per praescriptionem)* e adquirir por esse meio sua coisa, o que é contraditório.

Eu adquiro, pois, sem produção de prova e sem nenhum ato jurídico: não tenho necessidade de provar; adquiro pela lei *(lege)*; porém, o quê? A defesa *pública* contra as pretensões, isto é, *a legítima segurança de minha posse* pelo simples fato de que não necessito apresentar provas, e me baseio numa posse não interrompida. Entretanto, de que toda *aquisição* é simplesmente provisória no estado de natureza, nada resulta para a questão da segurança da *posse* da coisa adquirida que deve preceder àquela.

6º) Quanto ao direito de sucessão, meu censor, a despeito de sua sagacidade habitual, não alcançou o *nervus probandi* de minha asserção. Eu não digo: "Que todo homem aceita necessariamente *uma coisa que se lhe dá*, quando por esta aceitação nada pode perder e sim unicamente ganhar"(o texto não diz nada disto); eu digo que todo homem aceita sempre *o direito da primeira oferta real* e inevitável, ainda que tacitamente, de uma maneira, todavia, válida e isto no momento preciso em que a coisa lhe é oferecida, quando a natureza das coisas faz com que a retratação seja absolutamente impossível, isto é, no instante da morte; porque então o que promete não pode desdizer e o que aceita, sem fazer uso de nenhum ato jurídico, aceita no mesmo instante, não a herança prometida, mas sim o direito de aceitá-la ou recusá-la. No momento de abrir o testamento já se encontra mais rico que antes da aceitação da herança, visto que adquiriu exclusivamente a *faculdade de aceitar*, a qual já é um bem, uma propriedade. Quanto a ter de supor um estado civil para converter uma coisa no *seu de outro* depois de haver deixado de existir, essa passagem da posse pela mão-morta não muda nada relativamente à possibilidade da aquisição segundo os princípios gerais do direito natural, ainda que sua aplicação ao caso atual deva ter por base uma constituição civil. Porque chama-se *res jacens* uma coisa da qual me é deixada a livre escolha de aceitar ou recusar sem condição. Se o proprietário de uma coisa me oferece por nada (promete que tal coisa será minha), por exemplo, um móvel da casa de onde vou sair, tenho, enquanto não se retrata (o que é impossível quando se morre), um direito exclusivo à aceitação do objeto oferecido (*jus in re jacente)*; isto é, posso aceitar ou recusar à discrição e este direito exclusivo de escolher não o adquiro por meio de um ato jurídico particular de minha declaração: eu quero que este direito me pertença; mas sim o adquiro sem este ato *(lege)*. Na verdade, posso declarar-me no sentido de que quero *que a coisa não me pertença* (porque a aceitação poderia indispor-me com outras pessoas); porém não posso querer ter exclusivamente o direito de fazer com *que a coisa me pertença ou não me pertença*; porque este direito (de aceitar ou recusar) me pertence imediatamente pela oferta, sem nenhuma declaração de minha aceitação. Com efeito, se eu pudesse recusar o escolher, escolheria o não escolher, o que é contraditório. Encontro-me, pois, investido desse direito de escolher no instante da morte do testador. Na verdade, entretanto, não adquiro por seu testamento *(institutio haeredis)* nada de seu haver nem de seus bens; porém, adquiro a posse *puramente jurídica* (inteligível) desse haver ou de uma parte, a cuja aceitação posso renunciar em proveito de outras pessoas. Esta posse não sofre, pois, interrupção em nenhum instante; a sucessão passa de uma maneira contínua do moribundo ao

herdeiro pela aceitação deste. Deste modo, fica fora de toda dúvida a proposição: *testamenta sunt juris naturae.*

7º) Com relação às ideias encerradas no título *Direito público*, relativamente às quais falta espaço para entrar em explicações, como diz meu crítico, apresenta ele mesmo a observação seguinte: "Nenhum filósofo, que eu saiba, reconheceu a proposição mais paradoxal de todos os paradoxos; a saber, que a simples Ideia da soberania deve obrigar-me a obedecer a qualquer um que se apresente como Senhor, sem indagar quem lhe concedeu o direito de mandar em mim; que se deve reconhecer um poder soberano e um soberano e considerar *a priori* como Senhor a este ou aquele cuja própria existência não nos é dada *a priori*". Confio agora que esses paradoxos, considerados um pouco mais de perto, não serão tachados quando menos de *heterodoxia* e que o crítico profundo, penetrante e de boa-fé (que, apesar desse escolho, "considera estes *Princípios metafísicos do Direito* como uma aquisição em definitivo para a ciência") não se arrependerá de haver-lhes dispensado sua proteção contra o desdém soberbo e superficial de outros críticos, considerando-os, pelo menos, como um ensaio que não é indigno de um novo exame.

É tampouco permitido duvidar da obediência devida, ainda que de uma maneira juridicamente incondicionada, àquele que se encontra investido do poder supremo imperativo e legislativo sobre um povo, que constitui já um ato punível o *inquirir* publicamente os títulos de sua aquisição, por conseguinte pô-los em dúvida, para tirar partido no caso em que apresentarão algum vício. Esta proposição: *Obedecei à autoridade* (em tudo que não é contrário à moralidade interna), *que tem poder sobre vós*, é um imperativo categórico que não admite contradição. Não somente subleva a razão do crítico este princípio que, a título de fato (a usurpação), serve de condição, de fundamento ao direito, como também repugna o fato de a *simples* ideia da soberania sobre um povo me force a mim, que formos parte desse povo obedecer ao direito suposto sem prévio exame.

Todo fato é objeto no *fenômeno* (dos sentidos). Ao contrário, o que somente pode ser representado pela razão pura, e deve ser posto no número das *Ideias*, às quais nenhum objeto pode dar-se como adequado na experiência como uma *constituição jurídica* perfeita entre os homens, é a coisa em si.

Quando, pois, um povo está reunido por leis sob uma autoridade, então se dá, como objeto da experiência, conforme a Ideia de sua unidade *em geral* sob uma vontade suprema em posse do poder; entendendo-se bem que não existe mais que em fenômenos, isto é, que há uma constituição jurídica no sentido geral da palavra. E mesmo quando possa adoecer de grandes vícios, de grandes imperfeições e necessitar, com o tempo, de importantes melhoras, não é absolutamente permitido, e ainda é punível, o resistir, porque se o povo pudesse crer-se autorizado a violar essa constituição, por viciosa que fosse, e para resistir à autoridade suprema, poderia pensar que tem o direito de substituir pela força todo direito de legislar soberanamente, o que produziria uma vontade suprema em contradição consigo mesma.

A *Ideia* de uma constituição civil em geral, que é, ao mesmo tempo, para cada povo uma ordem absoluta da razão prática que julga as noções de direito, é *santa* e irresistível; e ainda quando a organização da cidade fosse defeituosa por si mesma, nenhum poder subalterno pode, contudo, opor uma resistência de fato ao soberano que é o legislador; os vícios de que adoece e, sim, devem insensivelmente ser corrigidos pelas reformas que a cidade leva a cabo em seu seio, porque com uma máxima contrária adotada pelo sujeito (a de agir segundo a sua autoridade privada), a cidade não poderia alcançar uma boa constituição, a não ser pelo capricho da sorte. O preceito: "Obedecei à autoridade que tem poder sobre vós" não questiona como chegou essa autoridade ao poder (para atacá-lo a todo transe); porque a autoridade existente (sob a qual viveis) já está de posse da legislação, em relação à qual podeis certamente raciocinar, mas sem poder se opor a ela como a legisladores resistentes demais.

A submissão absoluta da vontade do povo (vontade que não tem em si união, nem vínculo, nem, por conseguinte, lei), sob uma vontade *soberana* (que reúne todos os indivíduos por uma lei única), é um *fato*, que só pode começar pela ocupação do poder supremo, e funda assim pela primeira vez um *direito público.* – Permitir, todavia, uma resistência contra essa plenitude de poder (resistência que limitaria este poder supremo) é uma contradição; porque então este poder (ao qual era possível resistir) não seria o poder legislador supremo, que começa por determinar o que deve ser ou não direito público. – E este princípio já se encontra *a priori* na *Ideia* de uma constituição civil em geral, isto é, numa noção da razão prática. Na verdade, não é possível encontrar para ela um exemplo *adequado* na experiência, mas também tampouco nenhuma experiência deve contradizê-la como regra.

8º) *Do direito do Estado com relação às fundações* perpétuas *em benefício de seus súditos.*

Uma *fundação (sanctio testamentaria beneficii perpetui)* é a livre e benéfica disposição, confirmada pelo Estado, em proveito de alguns de seus membros que se sucedem até sua completa extinção. – Chama-se *perpétua* quando as disposições de sua execução se apoiam na constituição do próprio Estado (porque o Estado deve ser considerado como perpétuo). Porém, o benefício dessa fundação é um proveito já do *povo* em geral, seja de uma parte desse povo reunido sob certas regras particulares, seja de uma *profissão,* de uma família e sua posteridade perpétua. Os *albergues* são um exemplo do primeiro caso; as *igrejas,* do segundo; as *ordens* (espirituais e temporais), do terceiro; os *morgadios,* do quarto.

Diz, pois, dessas corporações e de seu *direito* de sucessão, que não há abolição possível, porque o legado chegou a ser propriedade do herdeiro instituído e o suprimir tal constituição *(corpus mysticum)* seria retirar de alguém o seu.

A

Os estabelecimentos de beneficência para os pobres, inválidos e enfermos, fundados à custa do Estado (tais como os hospitais), não podem certamente ser abolidos. Porém, se se leva em conta mais o espírito do que a letra da vontade do testador, podem se apresentar circunstâncias que autorizam a supressão de semelhante fundação, pelo menos, quanto à forma. – Assim, averigou-se que o pobre e o enfermo (exceto aqueles dos hospícios) serão mais bem cuidados e com menos custo se são facilitados a eles auxílios em dinheiro (proporcionais às necessidades dos tempos), com o qual podem ter sua pensão, da melhor forma que lhes agrade, com seus parentes ou outras pessoas conhecidas, que se – como no Hospital de Greenwich – para se conseguir o mesmo objeto se fazem grandes gastos, sobretudo, por causa do pessoal necessário para o serviço, e onde existe até luxo, sem que por isso os enfermos sejam tão livres como através daquele primeiro meio. – Não se pode, pois, dizer, neste caso, que o Estado priva o povo do gozo dessa fundação; mas, pelo contrário, que o favorece, visto que escolhe os meios mais prudentes para sua realização.

B

"A espiritualidade, que não se propaga carnalmente (a católica), possui, favorecida pelo Estado, terras e súditos que dependem dela e que pertencem a uma cidade espiritual (chamada de Igreja), à qual os leigos se entregaram em propriedade, pela salvação de sua alma. De modo que o clero, como um Estado particular, tem uma posse que passa em sucessão legalmente de um século a outro neste Estado, e que se encontra suficientemente documentada pelas bulas papais. – Ora, pode-se admitir que o poder civil arrebate diretamente do clero esta relação com os leigos e não seria isto arrebatar de alguém o seu, como tratam de fazê-lo, a propósito, os incrédulos da república francesa?

A questão aqui é saber se a Igreja pertence como sua ao Estado, ou o Estado à Igreja; porque dois poderes soberanos não podem sem contradição estar submetidos um ao outro. – Mas está claro em si que a *primeira constituição* somente (político-hierárquica) pode subsistir por si mesma; porque toda constituição civil é *deste mundo*, já que é um poder terrestre (os homens), que se prova por suas consequências na experiência. Os crentes, cujo *reino* está no céu e em *outro mundo*, devem, ao aceitar uma constituição que se refere a este (hierárquico-político), submeter-se aos sofrimentos do século, sob o poder soberano dos homens dos mundo. – Resta, portanto, somente a primeira constituição.

A religião (em fenômeno) como crença nos dogmas da Igreja e no poder dos sacerdotes, como aristocratas dessa constituição, ou ainda quando essa constituição seja monárquica (papal), não pode ser obrigada nem violentada por nenhum poder civil, nem (como ocorre na Grã-Bretanha relativamente à nação irlandesa) o cidadão que a professa deve ser excluído dos empregos públicos e das vantagens daí resultantes, sob o pretexto de que sua religião seja diferente da religião da corte.

Se, pois, algumas almas piedosas e crentes, para participar da graça que a Igreja promete obter depois desta vida aos crentes, constroem uma fundação à perpetuidade, por meio da qual as terras que lhes pertenciam passarão depois de sua morte a ser propriedade da Igreja, e se o Estado presta fé e homenagem à Igreja, *em parte* ou *no todo*, a fim de que por meio de orações, indulgências e expiações, essas almas obtenham as vantagens que lhes prometeram seus servidores (os religiosos), cujo emprego é obter-lhes este favor no outro mundo; neste caso, a fundação que se quer construir à perpetuidade não tem realmente nenhuma razão de ser com este título, e o Estado pode, quando queira, eximir-se dessa carga que a Igreja lhe impõe. – Porque a própria Igreja é como um simples instituto fundado na fé. Quando for dissipada a ilusão dessa opinião por efeito da difusão das luzes entre o povo, então cairá ao mesmo tempo o poder do clero fecundo em riquezas, que tinha por base essa opinião, e o Estado se apoderará com pleno direito da propriedade atribuída a Igreja, a saber: da terra que havia sido dada a ela; e isto ainda quando os da instituição que subsistiram até aquele dia, os usufrutuários do feudo possam exigir com direito uma indenização pelos resto de suas vidas.

As fundações à perpetuidade para os pobres ou os estabelecimentos de instrução pública, enquanto têm um caráter determinado pelo fundador, segundo sua ideia, não podem realmente ser considerados como fatos à perpetuidade, nem o capital como gravado para sempre; o Estado deve ter a liberdade de se apropriar dessas fundações de acordo com as necessidades dos tempos. – Não é de admirar que essas ideias não sejam em todas as partes de fácil execução (por exemplo, as crianças pobres se veem na necessidade de cantar para suprir, com a esmola que recolhem, a insuficiência de fundos da escola); porque aquele que constrói uma fundação com bom coração, porém, ao mesmo tempo de uma maneira um pouco ambiciosa, não deseja que outro a modifique segundo sua maneira de ver: sua pretensão é se imortalizar por meio da fundação. Porém, o que não muda a qualidade da coisa nem o direito do Estado, e mesmo seu dever de modificar toda fundação, quando chega a ser contrária a sua conservação e perfeição, nunca pode ser considerada como fundação à perpetuidade.

C

A nobreza de um país submetido a uma Constituição, não somente aristocrática, mas até monárquica, pode ser sempre um estabelecimento permitido para um certo século e necessário segundo as circunstâncias. Porém, o que não pode de modo algum ser afirmado é que este estado de coisas pode se fundar à perpetuidade, e que um soberano não tenha a faculdade de fazer desaparecer inteiramente esse privilégio civil, ou que se possa dizer, se o faz, que arrebata de seu súdito (o nobre) o *seu*, que lhe pertencia por direito de herança. É uma corporação temporal, autorizada pelo Estado, que se deve dobrar às circunstâncias dos tempos e que não pode oferecer resistência ao direito humano geral, que por tanto tempo esteve suspenso. – Porque a classe do nobre no Estado não somente é dependente da constituição como também não passa de um acidente, que não pode existir no Estado a não ser sendo inerente à Constituição (um nobre não pode ser concebido como tal a não ser no estado civil, e não no estado de natureza). Se, pois, o Estado muda sua constituição, aquele que por esse fato perde seu título e sua prerrogativa não pode dizer que retiraram o seu; porque não poderia chamá-lo de seu senão sob a condição de duração dessa forma civil; e o Estado tem o direito de mudá-la (por exemplo, de transformar-se em república). – As ordens e os privilégios de portar suas insígnias não dão, pois, nenhum direito *perpétuo* e essa posse.

D

Enfim, com respeito à *fundação dos morgadios*, como um possuidor de bens dispõe por instituição de herança, que na série dos herdeiros sucessivos, o mais próximo da família deve ser sempre o proprietário, o senhor (por analogia com uma constituição monárquica hereditária de um Estado, ou o *dono do* país por este conceito); neste caso, tal fundação pode sempre ser abolida sem necessidade de obtenção do consentimento de todos os parentes, e não pode durar sempre, como se o direito de herança se apoiasse num fundo. E não se deve dizer que isto seja um ataque à fundação e uma transgressão da vontade de seu primeiro autor, o fundador. – O Estado tem, ademais, o direito e ainda o dever, no que diz respeito às causas que pudessem insensivelmente produzir a ruína de sua própria reforma, de não deixar, quando for débil, assumir demasiado incremento para com semelhante sistema federativo de seus súditos, como vice-reis (por analogia com os herdeiros de dinastias sátrapas).

9º) *Adição aos esclarecimentos das noções do direito penal.*

A simples ideia de uma constituição civil entre os homens já envolve a noção de uma justiça penal nas mãos do poder supremo. Trata-se unicamente de saber se os modos de punir são indiferentes ao legislador, quando servem apenas como meios para a transgressão (como atentado contra a segurança pública na posse do seu de cada um), ou se tem de se ter presente também a humanidade (isto é, a espécie humana) na pessoa do malfeitor, e ainda por simples razões de direito, visto que considero o direito de talião, à forma, como a única Ideia determinante *a priori* (não tomada da experiência, para saber quais seriam os remédios mais poderosos para este efeito) como princípio do direito de punir.

Em toda punição há algo que faz sofrer justamente o sentimento de honra do condenado, porque o castigo contém uma simples violência unilateral, e nessa violência a dignidade de um cidadão como tal se vê pelo menos suspensa em um caso particular, visto que está submetido a um dever exterior, ao qual não deve opor por sua parte nenhuma resistência.

O grande e o rico, quando são punidos pecuniariamente, sentem mais a humilhação de se verem obrigados a se submeter à vontade de um homem inferior do que a perda de seu dinheiro. A *justiça penal (justitia punitiva)*, como argumento *da culpabilidade moral (quia pecatum est)*, deve ser distinguida da *prudência penal* que é puramente *pragmática (nepeccatur)* e que se funda da experiência do que mais influi para prevenir o crime e ocupa no tópico das ideias de direito um lugar completamente diferente (*locus justi*) e não o lugar do conduzente *(conducibilis)* ou do útil por certos conceitos, como tampouco o lugar do simplesmente honrado *(honesti)*, lugar que deve ser buscado na moral.

Porém, que se há de fazer quando as penas não permitem nenhuma *reciprocidade*, seja porque seriam impossíveis em si mesmas, seja porque seriam um crime contra a *humanidade* em geral, como, por exemplo, os de violação, pederastia ou bestialidade? Os dois primeiros deveriam ser punidos com a castração (tal como a de um eunuco branco ou negro num serralho); o último pela separação para sempre da sociedade civil, porque o culpado se fez indigno de formar parte dela. – *Per quod quis peccat, per idem punitur et idem.* – Esses crimes são chamados de crimes contra a natureza, pela razão de serem cometidos contra a própria humanidade. – Querer penas arbitrárias para este tipo de crime é literalmente contrário à noção de uma *justiça penal.* Só que o culpado não pode se queixar de injustiças quando atrai sobre sua cabeça a punição que o fere, e quanto sofre, não segundo a letra, mas ao menos segundo o espírito da lei penal o que com outro se permitiu.

///